中等职业教育教材

数学同步练习

SHUXUE TONGBU LIANXI

（下册）

主　编　李昌春　郑常秀

副主编　段　丹　张素君　宁从江　钟珊珊

参　编　唐天芳　马莹莹　孙　殷　王兆顺　秦晓燕

　　　　王　英　周梦璐　周海疆　何红军　夏　雪

　　　　徐　德　马彦琳　郑小平　王　岚　陈　璨

　　　　张宗路　崔炳金　廖雪刚

重庆大学出版社

图书在版编目（CIP）数据

数学同步练习. 下册 / 李昌春,郑常秀主编. -- 重
庆：重庆大学出版社，2019.8（2024.9 重印）
ISBN 978-7-5689-1589-2

Ⅰ.①数… Ⅱ.①李… ②郑… Ⅲ.①数学课—中等
专业学校—习题集—升学参考资料 Ⅳ.①G634.605

中国版本图书馆 CIP 数据核字（2019）第 111859 号

数学同步练习（下册）

主　编　李昌春　郑常秀
责任编辑:章　可　　版式设计:章　可
责任校对:刘志刚　　责任印制:赵　晟

*

重庆大学出版社出版发行
出版人:陈晓阳
社址:重庆市沙坪坝区大学城西路 21 号
邮编:401331
电话:(023) 88617190　88617185(中小学)
传真:(023) 88617186　88617166
网址:http://www.cqup.com.cn
邮箱:fxk@ cqup.com.cn（营销中心）
全国新华书店经销
POD:重庆新生代彩印技术有限公司

*

开本:787mm×1092mm　1/16　印张:5　字数:112千
2019 年 8 月第 1 版　　2024 年 9 月第 5 次印刷
ISBN 978-7-5689-1589-2　定价:15.00 元

前言 QIANYAN

　　本书是一本依据最新中等职业学校数学教学大纲,结合重庆市中等职业学校(或中专校)学生实际情况编写的配套练习册。本书立足于让学生易学、能学、会做、会用数学,通过完成本书的练习更好地理解数学的基本概念,掌握数学的基础知识。本书的宗旨是培养学生的数学思维和逻辑推理能力,提升学生的数学运算能力、抽象思维能力等。本书由长期从事中职数学教学、教学经验丰富且教学能力强的高、中级骨干教师编写。

　　本书为下册,由三个单元(数列、解析几何、统计初步)和综合检测题组成。上册由五个单元(集合与充分必要条件、不等式、函数、指数函数与对数函数、三角函数)组成。

　　每个单元的基本结构:基本概念、基础练习、变式练习、综合练习、自我评价。

　　本书特色:

　　1.夯实基础,突出重点

　　本书是根据最新中等职业教育数学教学大纲,把每单元中每小节的知识点都细化到每个小练习题中,在基本概念部分,采用表格的形式让学生去填空,初步考查学生对每节的重要概念和公式的理解及掌握情况,让学生更清楚学习的重点。

　　2.分层练习,面向全体学生

　　本书的练习由基础练习、变式练习和综合练习三部分组成,这三部分试题从易到难,遵循了学生学习的认知规律,让学生各取所需地进行有针对性的练习,中专或就业班的学生可选择做基础练习和变式练习,参加高考或升学班的学生可做综合练习。带"＊"的练习题学生可以选做。

　　3.辅助学习,培养能力

　　本书配有三个层次的练习,基础练习是强化训练学生对基本概念的理解和公式的简单应用;变式练习是让学生灵活运用数学知识解决一些简单的数学或实际问题,培养学生的数学思维能力、理解能力、运算能力、分析和解决问题的基本能力;综合练习是为学有余力的同学搭建了一个提升其综合解题能力的平台。

　　4.自我评价,查漏补缺

　　本书每个单元的最后或重要内容之后都配有自我评价,让学生及时检测自己在本单元的学习情况,查漏补缺,以便养成良好的学习习惯,提高学习效率。

　　5.单元检测,及时反馈

　　本书的最后还配有每个单元的单元检测题,题型是填空题、选择题、解答题,其目的是及时检验学生每个单元的知识掌握情况,可在每单元学完后进行测评,夯实基础,提升学生的数学解题能力。

本书由李昌春、郑常秀主编,段丹、张素君、宁从江、钟珊珊任副主编。编者:唐天芳、马莹莹、孙殷、王兆顺、秦晓燕、王英、周梦璐、周海疆、何红军、夏雪、徐德、马彦琳、郑小平、王岚、陈璨、张宗路、崔炳金、廖雪刚。由于本书编写时间有限,书中难免出现不妥之处,欢迎广大读者批评指正。

编　者

2019 年 2 月

目录 MULU

第六单元 数列

📖 第一节 数列的概念

📖【基本概念】

名　称	概　念
定义	按照一定_____排成的一列数,称为数列
通项公式	如果一个数列的第 n 项 $a_n (n \in \mathbf{N}^*)$ 能用_____的一个表达式来表示,则这个表达式称为这个数列的通项公式
有穷(或无穷)数列	只有有限多项的数列称为_____数列; 有无穷多项的数列称为_____数列
递归公式	一个数列的第 $n(n \in \mathbf{N}^*)$ 项能用它前面的若干项的表达式来表示,则该表达式称为这个数列的递归公式或递推公式

📖【基础练习】

一、填空题

1.若数列的通项公式是 $a_n = 5n - 1$,则 $a_3 = $ _____.

2.若数列的通项公式是 $a_n = n^2 + 3$,则 $a_5 = $ _____.

3.若数列的通项公式是 $a_n = -n^3 + 7$,则 $a_2 = $ _____.

4.若数列的通项公式是 $a_n = \dfrac{1}{n(n+1)}$,则 $a_6 = $ _____.

5.若数列的通项公式是 $a_n = \dfrac{1}{n^2 + 2}$,则 $a_1 = $ _____.

6.若数列的通项公式是 $a_n = 2 - a_{n-1}$,且 $a_1 = 5$,则 $a_2 = $ _____.

7.若数列的通项公式是 $a_{n+1} = 3a_n$,且 $a_1 = 4$,则 $a_2 = $ _____.

8.若数列的通项公式是 $a_n = 5$,则 $a_6 = $ _____.

9.数列 $1, 4, 9, 16, 25, \cdots$,则它的通项公式是_____.

二、选择题

1.数列 $0,\dfrac{1}{2},\dfrac{2}{3},\dfrac{3}{4},\dfrac{4}{5},\cdots$,则它的通项公式是(　　).

A.$a_n=\dfrac{n-1}{n}$　　　　　B.$a_n=\dfrac{n+1}{n}$　　　　　C.$a_n=\dfrac{n}{n+1}$　　　　　D.$a_n=\dfrac{n-1}{n+1}$

2.数列 $\dfrac{1}{2},\dfrac{1}{4},\dfrac{1}{8},\dfrac{1}{16},\cdots$,则它的通项公式是(　　).

A.$a_n=\left(\dfrac{1}{2}\right)^{n-1}$　　B.$a_n=\left(\dfrac{1}{2}\right)^{n}$　　C.$a_n=\left(\dfrac{1}{2}\right)^{n+1}$　　D.$a_n=2^n$

3.数列 $3,3,3,3,\cdots$,则它的通项公式是(　　).

A.$a_n=3n$　　　　　B.$a_n=3^n$　　　　　C.$a_n=3$　　　　　D.$a_n=3a_{n-1}$

4.数列 $2,6,10,14,\cdots$,则它的通项公式是(　　).

A.$a_n=2n$　　　　B.$a_n=2\times3^{n-1}$　　　　C.$a_n=2+4n$　　　　D.$a_n=4n-2$

5.数列的通项公式是 $a_n=n(n+3)$,则它的第7项是(　　).

A.7　　　　　　B.54　　　　　　C.70　　　　　　D.77

【变式练习】

一、填空题

1.数列 $1,\dfrac{1}{8},\dfrac{1}{27},\dfrac{1}{64},\dfrac{1}{125},\cdots$,则这个数列的通项公式 $a_n=$ _____.

2.数列 $-1,1,-1,1,\cdots$,则这个数列的通项公式 $a_n=$ _____.

3.数列 $1,-1,1,-1,\cdots$,则这个数列的通项公式 $a_n=$ _____.

4.数列 $1,-2,3,-4,\cdots$,则这个数列的通项公式 $a_n=$ _____.

*5.数列 $2,7,12,17,22,\cdots$,则这个数列的通项公式 $a_n=$ _____.

6.数列 $3,6,12,24,48,\cdots$,则这个数列的递归公式是_____.

7.若数列的递归公式是 $a_n=2+a_{n-1}(n\geq2,n\in\mathbf{N}^*)$,且 $a_1=3$,则 $a_5=$ _____.

8.若数列的递归公式是 $a_{n+1}=3a_n(n\in\mathbf{N}^*)$,且 $a_1=4$,则 $a_3=$ _____.

二、解答题

1.已知数列 $\{a_n\}$ 的通项公式是 $a_n=6n+\dfrac{3n(n-1)}{2}$,求 a_4,a_7.

2.已知数列 $\{a_n\}$ 的递归公式是 $a_{n+1}=2+5a_n(n\in\mathbf{N}^*)$，$a_1=1$，求 a_3，a_5.

📖【综合练习】

1.已知数列 $\{a_n\}$ 的通项公式是 $a_n=3\times\left(\dfrac{1}{2}\right)^{n-1}$，求 a_5，a_6.

*2.已知数列 $\{a_n\}$ 的递归公式是 $a_{n+2}=a_{n+1}+2a_n(n\in\mathbf{N}^*)$，$a_1=2$，$a_2=3$，求 a_3，a_4.

📖第二节　等差数列

📖【基本概念】

名称	文字描述	数学表达或公式
定义	如果一个数列从它的第二项起，每一项与_____的差都是同一个_____数，这样的数列称为等差数列	$a_{n+1}-a_n=$ _____ $(n\in\mathbf{N}^*)$
通项公式	数列 $\{a_n\}$ 的首项是 a_1，公差是 d	$a_n=$ _____ （推广：$a_n=a_m+$ _____ ）
等差中项	a，A，b 这 3 个数成等差数列，A 称为 a 与 b 的_____	$A=$ _____
前 n 项和公式	数列 $\{a_n\}$ 的首项为 a_1，第 n 项为 a_n	$S_n=$ _____
	数列 $\{a_n\}$ 的首项为 a_1，公差为 d	$S_n=$ _____
性质	当 $p+q=m+n$ 时	$a_p+a_q=$ _____
常见设法	若 3 个数构成等差数列	$a-d$，_____，$a+d$

📖【基础练习】

一、填空题

1.已知等差数列的前 4 项分别为 $2,4,6,8$,则数列的公差 $d=$_____.

2.已知等差数列的前 4 项分别为 $0,5,10,15$,则数列的 $a_6=$_____.

3.-8 和 12 的等差中项是_____.

4.已知等差数列 $\{a_n\}$ 中,$a_1=2,a_3=8$,则公差 $d=$_____.

5.已知等差数列 $\{a_n\}$ 中,$a_3=5,a_6=20$,则公差 $d=$_____.

6.已知等差数列 $\{a_n\}$ 中,$a_1+a_9=16$,则 $a_5=$_____.

7.已知等差数列 $\{a_n\}$ 中,$a_2+a_8=20$,则 $a_4+a_6=$_____.

8.已知等差数列 $\{a_n\}$ 中,$a_2=3,a_9=15$,则 $S_{10}=$_____.

9.已知等差数列 $\{a_n\}$ 中,$a_1=2,d=1$,则 $S_8=$_____.

10.已知等差数列 $2,4,6,\cdots$,则公差为_____,它的首项 $a_1=$_____,通项 $a_n=$_____,$a_{10}=$_____,$S_{10}=$_____.

二、选择题

1.下列为等差数列的是(　　).

　A.$-1,1,3,6$　　　　B.$1,3,4,6$　　　　C.$1,2,4,8$　　　　D.$1,1,1,1$

2.已知等差数列前 4 项分别为 $-2,0,2,4$,则数列的公差 $d=$(　　).

　A.-1　　　　　　B.2　　　　　　　C.-3　　　　　　D.1

3.5 和 9 的等差中项为(　　).

　A.5　　　　　　　B.7　　　　　　　C.9　　　　　　　D.11

4.等差数列的前 3 项分别为 $-2,6,14$,则它的第 4 项是(　　).

　A.20　　　　　　　B.22　　　　　　　C.24　　　　　　　D.26

5.已知在等差数列 $\{a_n\}$ 中,$a_1=-4,d=2$,则 $S_{10}=$(　　).

　A.30　　　　　　　B.40　　　　　　　C.50　　　　　　　D.60

📖【变式练习】

一、填空题

1.在等差数列 $\{a_n\}$ 中,$a_5+a_6=20$,则前 10 项和 $S_{10}=$_____.

2.在等差数列 $\{a_n\}$ 中,$a_5=10,a_{12}=31$,则数列的通项公式为_____.

3.在等差数列 $\{a_n\}$ 中,$a_1=2,d=-1,S_n=-25$,则 $n=$_____.

4.在等差数列 $\{a_n\}$ 中,$S_{10}=60,d=2$,则 $a_1=$_____.

5.在等差数列 $\{a_n\}$ 中,$a_1=4,d=3$,则 $a_{20}=$_____.

6.已知等差数列 $\{a_n\}$ 的 $a_6+a_7+a_8=9$,则前 13 项的和为_____.

7.在等差数列 $\{a_n\}$ 中,$a_1+a_9=10$,则 $a_5=$_____,$a_4+a_6=$_____.

8.将全体正整数排成一个三角形数阵:按照如右图所示的排列规律,第 8 行从左向右的第 1 个数为 _____.

```
                 1
               2   3
             4   5   6
           7   8   9   10
        11  12  13  14  15
        --------------------
```

二、解答题

1.在等差数列 $\{a_n\}$ 中,(1)已知 $a_5=-1$,$a_8=2$,求 a_1 与 d;(2)已知 $a_1+a_6=12$,$a_4=7$,求 a_9.

2.已知在等差数列 $\{a_n\}$ 中,且 $a_3=-1$,$a_6=-7$,(1)求数列 $\{a_n\}$ 的通项公式;(2)若数列 $\{a_n\}$ 的前 n 项和 $S_n=-21$,求 n 的值.

3.《张丘建算经》是我国南北朝时期的一部重要数学著作,书中系统地介绍了等差数列,同类内容在三百多年后的印度才首次出现.书中有这样一个问题,大意为:某女子善于织布,后一天比前一天织得快,而且每天增加的数量相同,已知第一天织布 4 尺,半个月(按 15 天计算)总共织布 81 尺,问每天增加的数量为多少尺?

📖【综合练习】

1.设 S_n 是数列 $\{a_n\}$ 的前 n 项和,且 $a_1=1$,$a_{n+1}=a_n+2$,求 S_n.

*2.在等差数列 $\{a_n\}$ 中,已知 $a_7=-8$,$a_{17}=-28$,(1)求数列 $\{a_n\}$ 的通项公式;(2)求 S_n 的最大值.

3.已知等差数列 $\{a_n\}$ 的前 n 项和为 S_n,若 $S_{13}=-26$,$a_9=4$,(1)求数列 $\{a_n\}$ 的通项公式;(2)求 S_8.

📖第三节　等比数列

📖【基本概念】

名称	语言表达	数学表达式
定义	如果一个数列从_____项起,每一项与它的前一项的_____都等于同一个_____数,这样的数列称为等比数列	$\dfrac{a_{n+1}}{a_n}=$ _____ $(n\in \mathbf{N}^*)$
通项公式	等比数列 $\{a_n\}$ 的首项是 a_1,公比是 q	$a_n=$ _____ (推广:$a_n=a_m\cdot$ _____)
等比中项	a,G,b 这 3 个数成等比数列,G 称为 a 与 b 的等比中项	$G=$ _____
前 n 项和公式	等比数列 $\{a_n\}$ 的首项为 a_1,公比为 q	$S_n=$ _____ $(q\neq 1)$;在等比数列中 $q=1$ 时,$S_n=na_1$
	等比数列 $\{a_n\}$ 的首项为 a_1,第 n 项为 a_n	$S_n=$ _____ $(q\neq 1)$;在等比数列中 $q=1$ 时,$S_n=na_1$
性质	当 $p+q=m+n$ 时	$a_p a_q=$ _____
常见设法	若 3 个数构成等比数列	$\dfrac{a}{q}$,_____,aq

📖【基础练习】

一、填空题

　　1.已知等比数列 $1,-2,4,-8,\cdots$，则第 8 项是_____.

　　2.已知等比数列 $-8,4,-2,1,\cdots$，则数列的通项公式是_____.

　　3.数列 $1,2,4,8,\cdots$ 是等比数列，则公比 $q=$_____.

　　4.在等比数列中，$a_1=2$，公比 $q=-2$，则 $S_6=$_____.

　　5.在等比数列 $\{a_n\}$ 中，$a_2=2$，公比 $q=-2$，则 $a_4=$_____，通项公式是_____.

　　6.若 $\{a_n\}$ 是等比数列，且 $a_1 a_7=9$，则 $a_3 a_5=$_____.

　　7.若 $\{a_n\}$ 是等比数列，$a_3=3$，$q=2$，则 $a_8=$_____.

　　8.3 和 9 的等比中项是_____.

　　9.已知 $2,x,y,16$ 成等比数列，则 $x=$_____，$y=$_____.

　　10.若 $\{a_n\}$ 是等比数列，且 $a_7 a_{12}=5$，则 $a_8 a_9 a_{10} a_{11}=$_____.

二、选择题

　　1.已知 $\{a_n\}$ 是等比数列，且 $a_2=2$，$a_5=\dfrac{1}{4}$，则公比 $q=($　　$)$.

　　A.$-\dfrac{1}{2}$　　　　　　B.-2　　　　　　C.2　　　　　　D.$\dfrac{1}{2}$

　　2.在等比数列 $\{b_n\}$ 中，$b_3 b_9=9$，则 b_6 的值为($　　$).

　　A.3　　　　　　B.±3　　　　　　C.-3　　　　　　D.9

　　3.如果 $-1,a,b,c,-9$ 成等比数列，那么($　　$).

　　A.$b=3,ac=9$　　　B.$b=-3,ac=9$　　　C.$b=3,ac=-9$　　　D.$b=-3,ac=-9$

　　4.在等比数列 $\{a_n\}$ 中，$a_2=3$，则 $a_1 a_2 a_3=($　　$)$.

　　A.81　　　　　　B.27　　　　　　C.22　　　　　　D.9

　　5.已知等比数列 $1,a_2,9,\cdots$，则该等比数列的公比为($　　$).

　　A.3 或 -3　　　B.3 或 $\dfrac{1}{3}$　　　C.3　　　　　　D.$\dfrac{1}{3}$

📖【变式练习】

一、填空题

　　1.在等比数列 $\{a_n\}$ 中，$a_2=8$，$a_5=64$，则公比 q 为_____.

　　2.4 与 9 的等比中项是_____；$4+2\sqrt{3}$ 与 $4-2\sqrt{3}$ 的等比中项是_____.

　　3.在等比数列 $\{a_n\}$ 中，已知 $a_1=2$，$a_4=16$，则通项公式 $a_n=$_____.

　　*4.$1,a_1,a_2,4$ 成等差数列，$1,b_1,b_2,4$ 成等比数列，则 $\dfrac{a_1+a_2}{b_1 b_2}=$_____.

5.若 $6,x,y,z,54$ 成等比数列,则 $x=$ _____.

*6.在等比数列 $\{a_n\}$ 中,$a_1=3$,前三项和为 21,则 $a_3+a_4+a_5=$ _____.

*7.若 $\{a_n\}$ 是等比数列,且 $a_1+a_2+a_3=-3$,$a_1a_2a_3=8$,则 $S_4=$ _____.

8.在正项等比数列 $\{a_n\}$ 中,$a_2a_5=10$,则 $\lg a_3+\lg a_4=$ _____.

二、解答题

1.一个等比数列的第 2 项是 5,第 3 项是 15,求它的公比及第 4 项.

2.在等比数列 $\{a_n\}$ 中,$a_3=12$,$a_4=24$,求 a_5.

3.在等比数列 $\{a_n\}$ 中,(1)已知 $a_1=2$,$q=-3$,求 a_4;(2)已知 $a_3=2$,$a_6=16$,求 a_1 和 q.

📖【综合练习】

1.在等比数列 $\{a_n\}$ 中,若 a_1,a_2 为方程 $x^2-3x+2=0$ 的两个根,求数列的通项公式.

*2.在 4 和 18 中间插入 2 个数,使其前 3 个数成等差数列,后 3 个数成等比数列,试求此数列.

3.已知在等比数列 $\{a_n\}$ 中,$a_1a_2a_3=27$,(1)求 a_2;(2)若 $\{a_n\}$ 的公比 $q>1$,$a_1+a_2+a_3=13$, 求 $\{a_n\}$ 的前 8 项和 S_8.

📖 自我评价

(满分 100 分,时间 45 分钟)   评价结果:_____

一、填空题(每题 5 分,共 50 分)

1.等差数列的通项公式是_____,它的前 n 项和公式是_____.

2.等比数列的通项公式是_____,它的前 n 项和公式是_____.

3.2 和 32 的等差中项是_____,等比中项是_____.

4.等差数列的前两项分别为 25,20,则它的第 5 项是_____.

5.等比数列的前两项分别为 16,8,则它的第 4 项是_____.

6.在等差数列 $\{a_n\}$ 中,$a_1=3$,$d=2$,则 $S_8=$_____.

7.在等比数列 $\{a_n\}$ 中,$a_1=3$,$q=2$,则 $a_5=$_____.

8.在等差数列 $\{a_n\}$ 中,$a_1+a_9=20$,则 $S_9=$_____.

9.在等差数列 $\{a_n\}$ 中,$a_3+a_{17}=26$,则 $a_8+a_{12}=$_____.

10.在等比数列 $\{a_n\}$ 中,$a_2a_8=10$,则 $a_4a_6=$_____.

二、选择题(每题 5 分,共 20 分)

1.在等差数列 $\{a_n\}$ 中,$a_5=10$,$a_7=34$,则 $a_1=$(   ).

A.12   B.-12   C.-38   D.-50

2.在等比数列 $\{a_n\}$ 中,$a_3=10$,$a_5=20$,则 $q=$(   ).

A.$\pm\sqrt{2}$ B.$\sqrt{2}$ C.$-\sqrt{2}$ D.5

3.在等差数列 $\{a_n\}$ 中,a_5,a_7 分别是方程 $x^2-2x-3=0$ 的两个根,则 $a_2+a_{10}=$(   ).

A.-2   B.2   C.3   D.-3

4.在等比数列 $\{a_n\}$ 中,$a_3=-3$,$a_7=-27$,则 $a_5=$(   ).

A.±9 B.9   C.-9   D.3

三、解答题(每题10分,共30分)

1.在等差数列$\{a_n\}$中,$a_1=36$,$d=-3$,则-27是它的第几项?

2.某座电影院内的座位每一排都比前一排多2个,已知第10排有28个座位,一共有30排,则这个电影院第1排有多少个座位?这个电影院最多能容纳多少名观众?

3.小李去年向银行贷款12万元购车,每月还本和息,一年之内还清.贷款月利率为0.5%,今年他还清了贷款,请你帮他算一算,他一年内实际向银行支付了多少利息?

第七单元　解析几何

📖 第一节　直线的斜率

📖 【基本概念】

条件名称	直线的斜率
直线的倾斜角 α （α 的取值范围是 _____）	①当 $\alpha=0$ 时，斜率 $k=$ _____； ②当 $\alpha=\dfrac{\pi}{2}$ 时，斜率 _____； ③当 $\alpha\neq\dfrac{\pi}{2}$ 时，斜率 $k=$ _____
直线上存在两点 $M(x_1,y_1),N(x_2,y_2)$	①当 $x_1=x_2$ 时，斜率 _____； ②当 $x_1\neq x_2$ 时，斜率 $k=$ _____

📖 【基础练习】

一、填空题

1.直线倾斜角的取值范围是_____.

2.直线 l 向上方向与 x 轴_____所成的最小正角 α 称为直线 l 的倾斜角.

3.设直线 l 的倾斜角为 α，斜率为 k，则当 $\alpha\neq\dfrac{\pi}{2}$ 时，$k=$ _____.

4.已知直线的倾斜角 α，写出直线的斜率 k.

(1)$\alpha=30°,k=$ _____；　　　　　　　(2)$\alpha=45°,k=$ _____；

(3)$\alpha=60°,k=$ _____；　　　　　　　(4)$\alpha=135°,k=$ _____；

(5)$\alpha=90°,k$ _____；　　　　　　　(6)$\alpha=0°,k=$ _____.

5.若直线 l 过点 $A(1,-2),B(-1,3)$，则直线 l 的斜率为_____.

6.若直线 l 过点 $A(-1,-2),B(-1,3)$，则直线 l 的斜率_____.

7.若直线 l 过点 $A(1,-2),B(-1,-2)$，则直线 l 的斜率为_____.

8.若直线 l 过点 $A(4,-3),B(-1,2)$，则直线 l 的倾斜角为_____.

9.若直线 l 过点 $A(2,-3),B(8,3)$，则直线 l 的斜率为_____，倾斜角为_____.

10.设点 $P(-3,1),Q(-5,3)$，则直线 PQ 的斜率为_____，倾斜角为_____.

二、选择题

1.经过点 $M_1(-4,0)$,$M_2(0,3)$ 的直线的斜率是( ).

A.$-\dfrac{3}{4}$ B.$\dfrac{3}{4}$ C.$-\dfrac{4}{3}$ D.$\dfrac{4}{3}$

2.已知直线 l 的倾斜角 α 和斜率 k,下列说法正确的是( ).

A.若直线 l 的倾斜角 $\alpha=\dfrac{\pi}{4}$,则它的斜率 $k=1$

B.若直线 l 的倾斜角 $\alpha=\dfrac{\pi}{4}$,则它的斜率 $k=-1$

C.若直线 l 的倾斜角 $\alpha=\dfrac{3\pi}{4}$,则它的斜率 $k=1$

D.若直线 l 的倾斜角 $\alpha=\dfrac{5\pi}{4}$,则它的斜率 $k=-1$

3.若直线过两点 $(-1,1)$,$(2,1+\sqrt{3})$,则此直线的倾斜角为( ).

A.$\dfrac{\pi}{6}$ B.$\dfrac{\pi}{4}$ C.$\dfrac{\pi}{3}$ D.$\dfrac{\pi}{2}$

4.若直线的斜率为 0,则直线的倾斜角为( ).

A.0°   B.45°   C.90°   D.180°

5.斜率不存在的直线一定是( ).

A.过原点的直线   B.垂直于 y 轴的直线

C.垂直于 x 轴的直线   D.垂直于坐标轴的直线

📖【变式练习】

一、填空题

1.已知直线 l 经过点 $A(1,4)$,$B(-3,2)$,则 l 的斜率 $k=$ _____.

2.已知直线 l 经过点 $A(3,-2)$,$B(2,1)$,则 l 的斜率 $k=$ _____.

3.设直线 l 的倾斜角为 α,斜率为 k,当 α _____ 时,$k>0$;当 α _____ 时,$k<0$;当 α _____ 时,$k=0$.

4.已知直线 l 的斜率绝对值为 1,则其倾斜角为 _____.

5.已知直线 l 与 x 轴平行,则倾斜角为 _____,斜率为 _____.

6.已知直线 l 与 y 轴平行,则倾斜角为 _____,斜率 _____.

7.若直线 l 过点 $A(1,0)$,$B(m,\sqrt{3})$,且直线 l 的斜率为 $\dfrac{\sqrt{3}}{3}$,则 m 的值为 _____.

8.若直线 l 过原点和点 $P(3,n)$,且直线 l 的斜率为 $\dfrac{\sqrt{3}}{3}$,则 n 的值为 _____.

二、解答题

判断满足下列条件的直线斜率是否存在? 若存在,求出结果.

1.直线的倾斜角为45°.

2.直线过点 $A(-1,2)$ 与点 $B(3,2)$.

3.直线平行于 x 轴.

4.点 $M(4,-2)$,$N(4,3)$ 在直线上.

5.直线的倾斜角为90°.

📖【综合练习】

1.经过点 $A(2,m)$,$B(1,-1)$ 的直线的斜率等于 $\sqrt{3}$,求 m 的值.

2.已知直线过点 $A(4,-1)$，$B(n,3)$，且倾斜角为45°，求 n 的值.

3.已知 3 点 $A(a,-1)$，$B(3,3)$，$C(4,5)$ 在一条直线上，求 a 的值.

📖 第二节　直线的方程

📖【基本概念】

名　称	已知条件	直线方程	备　注
直线的点斜式方程	直线的斜率 k，直线经过点 $p(x_0,y_0)$	$y-y_0=k(\underline{\hspace{2cm}})$	斜率必须存在
直线的两点式方程	直线上有不相同的两点 $A(x_1,y_1)$，$B(x_2,y_2)$	$\dfrac{x-x_1}{x_2-x_1}=\underline{\hspace{1.5cm}}$	$x_1\neq x_2$，$y_1\neq y_2$
直线的斜截式方程	直线的斜率 k，直线在 y 轴上的截距为 b	$y=\underline{\hspace{1.5cm}}$	斜率必须存在
直线的截距式方程	直线在 x 轴、y 轴上的截距分别为 a,b	$\dfrac{x}{a}+\dfrac{y}{b}=\underline{\hspace{1cm}}$	$a\neq 0,b\neq 0$
直线的一般方程		$Ax+By+C=0$	A,B 不同时为 0

📖【基础练习】

一、填空题

1.已知直线经过点 $A(1,-2)$，斜率 $k=\dfrac{1}{2}$，直线方程为 _____.

2.已知直线经过点 $A(-1,0)$，斜率 $k=-2$，直线方程为 _____.

3.已知直线经过点 $A(0,3)$，斜率 $k=-1$，直线方程为 _____.

4.已知直线经过点 $A(3,-4)$,斜率 $k=0$,直线方程为_____.

5.已知直线的斜率 $k=\sqrt{3}$,在 y 轴上的截距 $b=-2$,则直线方程为_____.

6.已知直线的斜率 $k=-\dfrac{1}{2}$,在 y 轴上的截距 $b=3$,则直线方程为_____.

7.已知直线过点 $A(0,-2)$,且斜率为 $\dfrac{1}{2}$,则直线方程为_____.

8.已知直线的倾斜角为 $45°$,且在 x 轴上的截距为5,则直线方程为_____.

9.已知直线的倾斜角为 $120°$,且过点 $A(3,0)$,则直线方程为_____.

10.已知直线过点 $A(2,-1)$,$B(0,-4)$,则直线方程为_____.

二、选择题

1.若直线过点 $A(1,-3)$,并且与 y 轴平行,则此直线的方程是(　　).

A.$x=1$ B.$y=-3$ C.$x=-1$ D.$y=3$

2.直线 $y=-2x+1$ 在 y 轴上的截距是(　　).

A.1 B.-1 C.2 D.-2

3.已知直线 l 过点 $A(-1,3)$,l 的倾斜角为 $\dfrac{2\pi}{3}$,则 l 的点斜式方程为(　　).

A.$y+1=\sqrt{3}(x-3)$ B.$y-3=\sqrt{3}(x+1)$

C.$y+1=-\sqrt{3}(x-3)$ D.$y-3=-\sqrt{3}(x+1)$

4.直线 $y=kx+b$ 经过点 $A(-2,0)$,$B(0,3)$,则它的斜率 k 和在 y 轴上的截距 b 为(　　).

A.$k=-\dfrac{3}{2}$,$b=-2$ B.$k=-\dfrac{3}{2}$,$b=3$

C.$k=\dfrac{3}{2}$,$b=3$ D.$k=\dfrac{3}{2}$,$b=-2$

5.以下直线方程中,斜率不存在的直线方程是(　　).

A.$x=3$ B.$y=-5$ C.$2y=x$ D.$x=4y-1$

【变式练习】

一、填空题

1.若直线 l 经过点 $M_1(-3,2)$,$M_2(1,3)$,则直线 l 的点斜式方程为_____.

2.已知直线 l 在 x 轴和 y 轴上的截距分别为2,-5,则直线 l 的方程为_____.

3.已知直线 l 的倾斜角为 $\dfrac{2\pi}{3}$ 且过点 $P(0,2)$,则直线 l 的方程为_____.

4.已知直线过点 $(-1,2)$ 且平行于 x 轴,则直线方程为_____.

5.若点 $(2,-3)$ 在直线 $mx-y+5=0$ 上,则 $m=$_____.

6.直线 $5y=2x-1$ 在 y 轴上的截距为_____.

7.已知直线的斜率为 3,且与 y 轴的交点坐标为 $(0,4)$,则直线方程为 _____.

8.已知直线的斜率为 4,它在 x 轴上的截距为 -3,则直线方程为 _____.

二、解答题

1.求直线 $2x+3y-5=0$ 在 x 轴与 y 轴上的截距及斜率.

2.求过点 $P(-1,2)$ 且倾斜角为 $60°$ 的直线方程.

3.已知直线 l 经过点 $A(-2,1)$,$B(1,3)$,(1)求直线 l 的斜率;(2)求直线 l 的方程.

4.已知直线 l 在 y 轴上的截距是 -2,并且经过点 $P(8,-4)$,求直线 l 的方程.

📖【综合练习】

1.分别求出直线 $y-8=5(x-1)$ 在 x 轴和 y 轴上的截距.

2.已知 $\triangle ABC$ 的 3 个顶点分别为 $A(2,5)$,$B(-1,5)$,$C(7,-1)$,求 $\triangle ABC$ 中 BC 边上的中线所在的直线方程.

3.已知直线 $l_1:x+2y-5=0,l_2:2x+y+2=0$,求直线 l_1 与直线 l_2 及 x 轴所围成的三角形的面积.

📖 第三节　两条直线的位置关系

📖【基本概念】

		斜截式(斜率存在时)	一般式
名　称		$l_1:y=k_1x+b_1$ $l_2:y=k_2x+b_2$	$l_1:A_1x+B_1y+C_1=0$ $l_2:A_2x+B_2y+C_2=0$
平　行		$k_1=k_2,b_1\neq$ _____	$\dfrac{A_1}{A_2}=\dfrac{B_1}{B_2}\neq$ _____
相交	垂直相交	$k_1 \cdot k_2=$ _____	$A_1A_2+B_1B_2=$ _____
	不垂直相交	$k_1\neq$ _____	$\dfrac{A_1}{A_2}\neq$ _____
重　合		$k_1=k_2$ 且_____	$\dfrac{A_1}{A_2}=\dfrac{B_1}{B_2}=$ _____
特殊情况		若一条直线的斜率不存在,另一条直线的斜率为0,则这两条直线垂直;若两条直线的斜率都不存在,则这两条直线平行	

📖【基础练习】

一、填空题

1.平面上两条直线的位置关系是_____、_____、_____.

2.直线 $3x+3y+5=0$ 与直线 $3x-3y+5=0$ 的位置关系是_____.

3.直线 $2x+y-4=0$ 与直线 $x+2y-2=0$ 的位置关系是_____.

4.直线 $2x-\sqrt{2}y+\sqrt{6}=0$ 与直线 $\sqrt{6}x-\sqrt{3}y+3=0$ 的位置关系是_____.

5.过点 $(-1,3)$ 且与 x 轴平行的直线方程是_____.

6.过点 $(2,-5)$ 且与 y 轴平行的直线方程是_____.

7.直线的一般方程是 $Ax+By+C=0$,若 $B\neq0$,则可化成斜截式 $y=-\dfrac{A}{B}x-\dfrac{C}{B}$.这时,直线的

斜率 $k=$ _____,它在 y 轴上的截距 $b=$ _____;那么直线 $3x-4y+6=0$ 的斜率 $k=$ _____,它在 y 轴上的截距 $b=$ _____.

8.两直线位置关系的判定:若直线 l_1 的斜率为 k_1,在 y 轴上的截距为 b_1,直线 l_2 的斜率为 k_2,在 y 轴上的截距为 b_2.

(1)若 $k_1=k_2$,且 $b_1=b_2$,则两条直线的位置关系是_____;

若 $k_1=k_2$,且 $b_1\neq b_2$,则两条直线的位置关系是_____;

(2)若 $k_1\neq k_2$,且 $k_1k_2=-1$,则两条直线的位置关系是_____;

若 $k_1\neq k_2$,且 $k_1k_2\neq -1$,则两条直线的位置关系是_____;

(3)特别地:若 $k_1=0$,且 k_2 不存在,则两条直线的位置关系是_____;

若 k_1,k_2 均不存在,则两条直线的位置关系是_____.

9.经过点 $P(2,-1)$ 且与直线 $3x-2y+5=0$ 平行的直线方程是_____.

10.经过点 $P(2,-1)$ 且与直线 $3x-2y+5=0$ 垂直的直线方程是_____.

二、选择题

1.下列直线中,与 $x-y=-1$ 平行的是(　　).

A.$x+y=-1$ 　　　　B.$x+y=1$ 　　　　C.$2x-2y=2$ 　　　　D.$2x-2y=-2$

2.如果两条不重合直线 l_1,l_2 的斜率都不存在,那么(　　).

A.l_1 与 l_2 重合　　　B.l_1 与 l_2 相交　　　C.l_1 与 l_2 平行　　　D.无法判断

3.下列两条直线互相平行的是(　　).

A.$x-y+1=0$ 与 $x+y+1=0$ 　　　　　　B.$x-y+1=0$ 与 $-x-y+1=0$

C.$x-y+1=0$ 与 $y=x$ 　　　　　　　　D.$x-y+1=0$ 与 $y=-x+1$

4.直线 $4x+8y-5=0$ 与直线 $3x+ky-7=0$ 平行,则 k 的值是(　　).

A.8 　　　　　　B.6 　　　　　　C.$\dfrac{3}{2}$ 　　　　　　D.$-\dfrac{3}{2}$

5.过点 $(3,-1)$ 且平行于直线 $x+2y-6=0$ 的直线是(　　).

A.$x+2y-1=0$ 　　B.$x+2y+1=0$ 　　C.$2x-y-7=0$ 　　D.$2x-y+7=0$

【变式练习】

一、填空题

1.平面上两条直线 $l_1:3x+2y-6=0$ 与 $l_2:x-2y-2=0$ 的交点是_____.

2.平行于直线 $2x+5y-7=0$ 且在 y 轴上的截距为 2 的直线方程是_____.

3.直线 l 平行于直线 $2x-3y+1=0$ 且与坐标轴围成的三角形的面积为 3,则直线 l 的方程是_____.

4.直线 $x-3y=1$ 与直线 $2x-6y=5$ 的位置关系是_____.

5.已知两条直线平行,且 $l_1:2x-my+1=0$,$l_2:y=4x-3$,则 $m=$_____.

6.若两直线 $l_1:ax+2y+2=0$ 与 $l_2:3x-y-2=0$ 平行,那么 $a=$_____.

7.若两直线 $l_1:2x+4y+1=0$ 与 $l_2:3x+my+9=0$ 互相垂直,则 $m=$ _____.

8. $a=3$ 是直线 $x+4y-1=0$ 和 $ax+12y+5=0$ 平行的 _____ 条件.(填"充分"或"必要"或"充要")

二、解答题

1.求满足下列条件的直线方程,

(1)过点 $(3,5)$ 且平行于直线 $2x-y+5=0$;

(2)过点 $(3,-1)$ 且垂直于直线 $2x+5y-10=0$.

2.已知直线 l 经过点 $A(1,-4)$,且与直线 $y=\dfrac{1}{3}x-2$ 平行,求直线 l 的方程.

3.判断直线 $y=-\dfrac{1}{3}x-1$ 与直线 $y=-3x+1$ 的位置关系.

📖【综合练习】

1.已知直线 l 经过点 $P(0,1)$,且平行于过两点 $A(2,5)$,$B(-3,1)$ 的直线 m,求直线 l 的方程.

*2.求经过直线 $2x+3y-3=0$ 与直线 $x-4y+3=0$ 的交点且与直线 $2x-y+3=0$ 平行的直线方程.

3.求经过点$(2,-1)$,且与直线$4x+3y-2=0$垂直的直线方程.

📖 第四节 距离

📖【基本概念】

名 称	条 件	公 式
中点坐标公式	$A(x_1,y_1),B(x_2,y_2)$	线段AB的中点坐标为(_____)
两点间的距离公式	$A(x_1,y_1),B(x_2,y_2)$	A,B两点间的距离 $\|AB\|=$ _____
点到直线的距离公式	已知点$P(x_0,y_0)$及直线方程 $l:Ax+By+C=0$	点P到直线l的距离 $d=$ _____

📖【基础练习】

一、填空题

1.已知平面直角坐标系中的点$A(x_1,y_1),B(x_2,y_2)$,则$|AB|=$ _____ .

2.已知点$A(-1,3),B(2,-3)$,则A,B两点间的距离为 _____ .

3.若有点$M(2,0),N(3,1)$,则线段MN中点A的坐标为 _____ .

4.点$P(3,-2)$到直线$x-1=0$的距离是 _____ .

5.点$Q(1,-5)$到直线$y+2=0$的距离是 _____ .

6.点$P(0,0)$到直线$y+x+4=0$的距离是 _____ .

7.点$A(1,3)$到直线$4x-3y+1=0$的距离是 _____ .

8.点$P(a,b)$到直线$Ax+By+C=0$的距离是 _____ ,两条平行线$l_1:Ax+By+C_1=0$与$l_2:$
$Ax+By+C_2=0(C_1\neq C_2)$之间的距离公式为 _____ .

9.点$P(-1,2)$到直线$2x+3y+4=0$的距离是 _____ .

10.点$P(-2,1)$到直线$y-7=0$的距离是 _____ .

二、选择题

1.原点到直线 $3x-4y-25=0$ 的距离是(　　).

A.25　　　　　　B.5　　　　　　C.$\sqrt{5}$　　　　　　D.1

2.点 $P(-3,1)$ 到直线 $x-y+2=0$ 的距离是 (　　).

A.$2\sqrt{2}$　　　　B.2　　　　C.$\sqrt{2}$　　　　D.0

3.两条平行直线 $2x-y-3=0$ 与 $2x-y+2=0$ 之间的距离是(　　).

A.$\dfrac{1}{5}$　　　B.$\dfrac{\sqrt{5}}{5}$　　　C.5　　　D.$\sqrt{5}$

4.点 $(5,7)$ 到直线 $4x-3y-1=0$ 的距离是(　　).

A.$\dfrac{2}{25}$　　　B.$\dfrac{8}{5}$　　　C.8　　　D.$\dfrac{2}{5}$

5.点 $(1,1)$ 到直线 $4x+3y+1=0$ 的距离是(　　).

A.$\dfrac{5}{8}$　　　B.$\dfrac{8}{5}$　　　C.5　　　D.8

【变式练习】

一、填空题

1.点 $(7,-5)$ 到直线 $5x+12y+3=0$ 的距离是_____.

2.设点 $A(a,5)$ 到直线 $4x-3y=2$ 的距离为 d,如果 $d=2$,那么 $a=$_____;如果 $d>2$,那么 a 的取值范围是_____.

3.两条平行直线 $3x-2y+1=0$ 和 $3x-2y-2=0$ 之间的距离是_____.

4.与直线 $x+y+2=0$ 平行且与它的距离为 $3\sqrt{2}$ 的直线方程是_____.

5.过点 $A(-2,3)$ 且与直线 $3x+2y-2=0$ 平行的直线方程是_____.

6.已知点 $E(-5,7)$,$F(1,-1)$,则线段 EF 的中点坐标为_____,线段 EF 的长度为_____.

7.已知线段 AB 的中点 M 的坐标为 $(4,-2)$,且点 A 的坐标为 $(0,9)$,则点 B 的坐标为_____.

8.已知点 $B(-1,2)$,$C(4,y)$,且 $|BC|=\sqrt{41}$,则 $y=$_____.

二、解答题

1.求下列点到直线的距离 d,(1)点 $A(2,5)$,直线 $4x+3y-7=0$;(2)点 $B(-2,1)$,直线 $5x-12y+9=0$.

2.已知点 $A(x,8)$, $B(5,-3)$, $C(-7,y)$,且点 A 是线段 BC 的中点,求 x,y 的值.

3.求两条平行直线 $3x-4y+3=0$ 与 $6x-8y-5=0$ 之间的距离.

【综合练习】

1.已知 $\triangle ABC$ 的 3 个顶点的坐标分别为 $A(2,5)$, $B(-1,-1)$, $C(3,1)$,(1)求直线 BC 的方程;(2)求 BC 边上高线所在的直线方程.

*2.已知平行四边形 $ABCD$ 的 3 个顶点 $A(3,2)$, $B(-1,-1)$, $C(5,-4)$,求这个平行四边形的顶点 D 的坐标.

*3.已知 $\triangle ABC$ 的 3 个顶点的坐标分别为 $A(7,8)$, $B(0,4)$, $C(2,-4)$,(1)求 BC 边上高线所在的直线方程;(2)求 $\triangle ABC$ 的面积.

自我评价

(满分 100 分,时间 45 分钟)　　　　　评价结果:_____

一、填空题(每题 5 分,共 50 分)

1.已知点 $M(3,a)$ 在直线 $l:2x-y+1=0$ 上,则 $a=$_____.

2.已知直线斜率的绝对值等于 1,则直线的倾斜角是_____.

3.经过点 $A(4,-2)$,且倾斜角是 120°的直线的斜率 $k=$_____,直线方程是_____.

4.已知直线方程为 $y=2x-1$,则直线的斜率 $k=$ _____,直线在 y 轴上的截距 $b=$

_____.

5.若直线 l 过 $(-2,3)$ 和 $(6,-5)$ 两点,则直线 l 的斜率为_____,倾斜角为_____.

6.过点 $(4,2)$,平行于 x 轴的直线方程是_____;过点 $(-2,0)$,垂直于 x 轴的

直线方程是_____.

7.垂直于直线 $2x+y-5=0$,且过点 $(3,0)$ 的直线方程是_____.

8.两条直线 $3x+y-4=0$ 与 $x-2y+1=0$ 的交点坐标为_____.

9.点 $(1,-2)$ 到直线 $3x-4y+2=0$ 的距离是_____.

10.当 $m=$ _____时,经过两点 $P(-m,6)$,$Q(1,3m)$ 的直线的斜率是12.

二、选择题(每题5分,共20分)

1.已知点 $A(2,-1)$,$B(-4,3)$,则直线 AB 的斜率是(　　　).

　A.$\dfrac{2}{3}$　　　　　　B.$-\dfrac{2}{3}$　　　　　　C.1　　　　　　D.-1

2.过点 $P(-1,3)$,且平行于直线 $x-2y+5=0$ 的直线 l 的方程为(　　　).

　A.$2x-y+7=0$　　　B.$2x+y-1=0$　　　C.$x-2y+7=0$　　　D.$x-2y-7=0$

3.直线 $3x-4y+2=0$ 与直线 $4x+3y-1=0$ 的位置关系是(　　　).

　A.垂直　　　　　B.平行　　　　　C.相交但不垂直　　D.重合

4.经过两点 $(-1,1)$,$(3,9)$ 的直线在 x 轴上的截距是(　　　).

　A.$-\dfrac{3}{2}$　　　　　B.$-\dfrac{2}{3}$　　　　　C.$\dfrac{2}{5}$　　　　　D.2

三、解答题(每题10分,共30分)

1.在 y 轴上有一点 P,它与点 $A(-\sqrt{3},1)$ 连成一条直线,直线的倾斜角为120°,求点 P 的

坐标.

2.已知点 $P(1,2)$,$Q(3,1)$,求线段 PQ 的垂直平分线 l 的方程.

3.求经过直线 $2x-3y+7=0$ 与直线 $3x+y-6=0$ 的交点,且与直线 $x+2y-3=0$ 垂直的直线

方程.

📖 第五节　圆的方程

📖【基本概念】

名　称	方程表达式
定　义	圆是平面内与_____的距离等于_____的点的轨迹,定点为圆心,定长为半径
圆的标准方程	$(x-a)^2+(y-b)^2=r^2$,圆心为_____,半径为 r
	$x^2+y^2=r^2$,圆心为原点,半径为_____
圆的一般方程	$x^2+y^2+Dx+Ey+F=0$ ①不含 xy 项且平方项的系数相等; ②形如上述的方程不一定表示圆; ③如果表示圆,则通过配方可求得圆心为 $\left(-\dfrac{D}{2},-\dfrac{E}{2}\right)$,半径为 $\dfrac{\sqrt{D^2+E^2-4F}}{2}$

📖【基础练习】

一、填空题

1.圆的标准方程是_____,圆心是_____,半径是_____;圆的一般方程是_____.

2.$(x+1)^2+(y-4)^2=25$ 的圆心坐标是_____,半径是_____.

3.圆 $(x-3)^2+y^2=8$ 的一般方程是_____.

4.圆 $(x+5)^2+y^2=16$ 与圆 $(x+m)^2+(y+n)^2=9$ 的圆心坐标相同,则 $m=$ _____, $n=$ _____.

5.以点 $(-1,3)$ 为圆心,2 为半径的圆的标准方程是_____.

6.以点 $(-3,2)$ 为圆心的圆经过点 $P(1,4)$,则该圆的标准方程是_____.

7.圆 $x^2+y^2+4x-6y+3=0$ 的方程化成标准方程是_____.

8.以 $A(-1,2)$,$B(3,0)$ 为直径的圆的方程是_____.

9.方程 $x^2+y^2-2x+4y+5=0$ 的图形表示的是_____.

10.求经过两个定点 $A(1,2)$ 和 $B(-1,-4)$ 的圆的圆心轨迹方程.

解:由题意知圆的圆心轨迹是 AB 的垂直平分线.

因为 $A(1,2)$,$B(-1,-4)$,所以 AB 的中点为_____,

又 AB 的斜率 $k_{AB} = $ _____,所以与之垂直的直线 l 的斜率为 _____,故垂直平分线方程是 _____.

二、选择题

1.已知 $(x-3)^2+(y+1)^2=4$,则圆心坐标和半径分别为(　　).

  A.$(-3,1)$,2   B.$(3,-1)$,2   C.$(-3,1)$,4   D.$(3,-1)$ 4

2.已知圆的方程为 $(x+1)^2+(y-2)^2=9$,则它的圆心坐标和半径分别为(　　).

  A.$(1,-2)$,3   B.$(-1,2)$,3   C.$(1,-2)$,9   D.$(-1,2)$,9

3.点 $(4,-1)$ 与圆 $(x-3)^2+(y+5)^2=16$ 的位置是(　　).

  A.在圆的内部但不是圆心   B.在圆上

  C.在圆的外部   D.与圆心重合

4.方程 $x^2+y^2+2x-4y+6=0$ 的图形为(　　).

  A.以 $(-1,2)$ 为圆心,1 为半径的圆   B.点

  C.不表示任何图形   D.无法确定

5.已知圆的方程为 $(x-3)^2+(y-5)^2=16$,则点 $(-1,2)$ 的位置是(　　).

  A.在圆内不在圆心上   B.在圆上

  C.在圆外   D.和圆心重合

【变式练习】

一、填空题

1.圆 $(x+2)^2+(y-3)^2=25$ 的圆心与点 $(1,1)$ 的距离是 _____.

2.圆 $x^2+(y-2)^2=9$ 与圆 $(x+5)^2+y^2=16$ 的圆心距离是 _____.

3.以 $(2,-1)$ 为圆心且经过坐标原点的圆的标准方程是 _____.

4.若方程 $x^2+y^2+2x+m=0$ 表示圆,则 m 的取值范围是 _____.

5.经过圆 $x^2+y^2+2x=0$ 的圆心且与直线 $x+y=0$ 垂直的直线方程为 _____.

6.以直线 $x+y-2=0$ 与直线 $2x-y+5=0$ 的交点为圆心,5 为半径的圆的标准方程是 _____.

7.圆 $(x-1)^2+(y+2)^2=5$ 的圆心到直线 $4x-3y+1=0$ 的距离是 _____.

8.以 $C(1,3)$ 为圆心,经过直线 $3x+y+5=0$ 与直线 $x-y+3=0$ 的交点的圆的方程是 _____.

二、解答题

1.经过点 $A(1,-1)$ 与 $B(3,1)$,圆心在 y 轴上,求圆的标准方程.

2.方程 $x^2+y^2+\lambda x+1=0$ 若表示的是圆，求 λ 的取值范围.

3.求经过 3 点 $A(0,0),B(1,1),C(4,2)$ 的圆的方程.

4.求过点 $A(3,0)$ 和 $B(1,2)$ 且圆心在直线 $2x+y+4=0$ 上的圆的方程.

📖【综合练习】

1.已知某圆经过 $(0,0),(2,0),(1,1)$ 这 3 个点，(1)求该圆的方程；(2)求该圆的圆心和半径.

*2.已知圆 C 的圆心坐标为 $(4,-2)$，直线 $l:2x+y-1=0$ 与该圆相交于 A,B 两点，弦 AB 的长为 4，求圆的方程.

*3.已知关于 x,y 的二元二次方程 $x^2+y^2-2mx+4my+20=0$，(1)若此方程表示一个圆，求实数 m 的取值范围；(2)当此方程所表示的圆的圆心 C 的坐标为 $(-3,6)$，求该圆的标准方程.

📖第六节　圆与直线的位置关系

📖【基本概念】

3种位置关系	图形表示	d 与 r 的大小关系(其中 d 表示圆的圆心到直线的距离)	圆与直线的交点个数
相交		$d<r$	2个
相切		$d=r$	1个
相离		$d>r$	0个

📖【基础练习】

一、填空题

1. d 表示圆心到直线的距离,若 $d<r$,则圆与直线_____;若 $d=r$,则圆与直线_____;若 $d>r$,则圆与直线_____;若 $d=0$,则直线_____.

2. 点 $P(x_0,y_0)$ 到直线 $Ax+By+C=0$ 的距离 $d=$_____.

3. 圆 $(x+2)^2+(y-1)^2=16$ 的圆心坐标是_____,半径 r 为_____,圆心到直线 $3x+4y-5=0$ 的距离 $d=$_____,d_____r(填">"或"<"或"=") ,圆与直线的位置关系是_____.

4. 直线 $x-y=0$ 与圆 $x^2+y^2=1$ 的位置关系是_____.

5. 直线 $3x+4y-18=0$ 与圆 $(x-1)^2+y^2=9$ 的位置关系是_____.

6. 直线 $x+2y+8=0$ 与圆 $x^2+(y-1)^2=1$ 的位置关系是_____.

7.点$(1,2)$是圆$(x-3)^2+(y+1)^2=13$_____的一点.(填"上"或"内"或"外")

8.以$(2,-1)$为圆心且与直线$2x-y=0$相切的圆的标准方程是_____.

9.直线$x-y=0$与圆$x^2+y^2=8$相交于A,B两点,这两点的坐标是_____,$|AB|=$____ _____.

10.已知直线$l:x-y+4=0$,设M为圆$(x-1)^2+(y+1)^2=8$上一动点,则点M到直线l的最短距离为_____.

二、选择题

1.直线$y-2x+5=0$与圆$x^2+y^2-4x+2y+2=0$的位置关系是( ).

A.相离   B.相切

C.相交且直线过圆心   D.相交且直线不过圆心

2.圆$(x-3)^2+(y+1)^2=16$与直线$y=-3x$的位置关系是( ).

A.相交   B.相切   C.相离   D.无法判定

3.圆$x^2+(y+3)^2=9$与直线$3x+4y+2=0$的交点个数是( ).

A.1个   B.2个   C.3个   D.4个

4.经过圆$(x-3)^2+(y+1)^2=25$上一点$(0,3)$的圆的切线方程是( ).

A.$x+y-7=0$ B.$3x+4y+12=0$ C.$3x-4y+12=0$ D.$4x+3y-9=0$

5.圆$x^2+y^2=8$与直线$x+y+m=0$有交点,则m的取值范围是( ).

A.$-4\leq m\leq 4$ B.$m\leq 4$ C.$-4<m<4$ D.$m\leq -4$或$m\geq 4$

📖【变式练习】

一、填空题

1.圆$(x-1)^2+y^2=9$的圆心到直线$x+y-2=0$的距离是_____.

2.圆$(x+1)^2+(y-3)^2=9$上一动点M到直线$4x-3y-7=0$的最短距离是_____,最长距离是_____.

3.圆$x^2+y^2=4$与直线$x-y+2=0$相交所截得的弦长是_____.

4.若圆$(x-2)^2+(y+3)^2=2$与直线$x+y+m=0$相切,求m的值.

解:由圆$(x-2)^2+(y+3)^2=2$得圆心坐标为_____,半径r为_____,

圆心到直线$x+y+m=0$的距离$d=\dfrac{|(\underline{\quad})-(\underline{\quad})+m|}{\sqrt{(\underline{\quad})^2+(\underline{\quad})^2}}$,因为圆与直线相切,则有$d=r$,得

方程_____,解得$m=$_____.

5.已知圆$(x+1)^2+(y-2)^2=8$,若直线$y=x-b$与圆相交,求b的取值范围.

解:因为圆$(x+1)^2+(y-2)^2=8$的圆心坐标为_____,半径r为_____.由题意,圆心

到直线$x-y-b=0$的距离$d=\dfrac{|(\underline{\quad})-(\underline{\quad})-b|}{\sqrt{(\underline{\quad})^2+(\underline{\quad})^2}}<r$,则$b$的取值范围是_____.

6.圆心在$C(1,3)$,并且与直线$3x-4y-6=0$相切的圆的方程是_____.

7.过圆 $x^2+y^2+2x-8y+8=0$ 外一点 $P(2,0)$ 作圆的一条切线,切点为 A,求切线 PA 的长.

解:如图所示,过 P 的切线为 PA 和 PB,且 $|PA|$ _____ $|PB|$,把圆 $x^2+y^2+2x-8y+8=0$ 化为标准式 _____,由此圆心坐标为 _____,半径 r 为 _____.

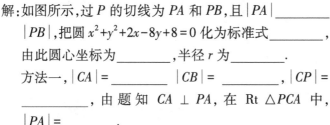

方法一,$|CA|=$ _____ $|CB|=$ _____,$|CP|=$ _____,由题知 $CA\perp PA$,在 Rt $\triangle PCA$ 中,$|PA|=$ _____.

方法二,经过分析得到过 $P(2,0)$ 与 x 轴垂直的垂线是其中一条切线,那么切点为 $(2,4)$,则切线 PA 的长为 _____.

8.圆 $(x-4)^2+(y-1)^2=25$ 与直线 $3x+4y-1=0$ 相交,求截得的弦长.

解:如图所示,过点 C 作 $CD\perp AB$ 于 D,连接 CA,则

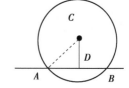

$|CA|=$ _____,$|CD|=$ _____,$|AD|=\dfrac{1}{2}$ _____,

因为圆 $(x-4)^2+(y-1)^2=25$ 的圆心 C 的坐标为 _____,半径 r 为 _____.由题意,圆心到直线 $3x+4y-1=0$ 的

距离为 $|CD|=d=\dfrac{|(\underline{\ \ })+(\underline{\ \ })-1|}{\sqrt{(\underline{\ \ })^2+(\underline{\ \ })^2}}=$ _____,则 $|AD|=$ _____,所以弦长

$|AB|=$ _____.

二、解答题

1.求经过圆 $(x-1)^2+(y+2)^2=13$ 上一点 $A(3,-5)$ 的切线方程.

*2.已知某圆的圆心为 $(1,1)$,且过点 $(2,1)$,(1)求该圆的标准方程;(2)求该圆经过点 $(3,2)$ 的切线方程.

3.以点 $C(2,1)$ 为圆心的圆被直线 $3x-4y+3=0$ 截得的弦长为 4,求该圆的标准方程.

4.若直线 $y=3x+b$ 与圆 $(x-1)^2+y^2=9$ 相离,求 b 的取值范围.

【综合练习】

1.已知圆心为 $(1,0)$ 的圆经过一点 $\left(\dfrac{1}{2},\dfrac{\sqrt{3}}{2}\right)$,(1)求该圆的标准方程;(2)若直线 $(1+a)x+y+1=0$ 与该圆相切,求 a 的值.

2.求经过点 $P(1,-2)$,且与圆 $x^2+y^2=4$ 相交,截得弦长为 $2\sqrt{3}$ 的直线的方程.

*3.已知圆 C 的方程为 $x^2+y^2+x-6y+3=0$,直线 $l:2x-2y-1=0$,
  (1)求圆 C 的圆心坐标和半径;
  (2)判断直线 l 与圆 C 的位置关系;
  (3)若直线 $x+2y+m=0$ 与圆 C 相交于 A,B 两点,试问:是否存在实数 m,使得 $\angle AOB=90°$(O 为坐标原点)?若存在,求出 m 的值;若不存在,说明理由.

📖 自我评价

（满分 100 分,时间 45 分钟）　　　评价结果:_____

一、填空题(每题 5 分,共 50 分)

1.圆 $(x+3)^2+(y-1)^2=2$ 的圆心是_____,半径是_____.

2.以点 $(1,0)$ 为圆心, $\sqrt{2}$ 为半径的圆的标准方程是_____,且与 y 轴的交点坐标是_____.

3.圆心在点 $C(-2,1)$,圆过 $A(1,-1)$,则圆的方程为_____.

4.圆 $x^2+y^2+2x-4y-4=0$ 的圆心是_____,半径是_____.

5.方程 $x^2+y^2+mx+1=0$ 表示圆,则实数 m 的取值范围是_____.

6.圆 $x^2+y^2=100$ 的圆心到直线 $4x-3y=50$ 的距离是_____,直线与圆的位置关系是_____.

7.已知 $P(2,1)$ 是圆 $(x+1)^2+y^2=r^2$ 上的一点,那么该圆的半径是_____.

8.经过直线 $3x+4y-2=0$ 与直线 $2x+y+2=0$ 的交点,以 $C(0,-1)$ 为圆心,则该圆的标准方程是_____.

9.圆心为 $C(3,-5)$,与直线 $x-3y+2=0$ 相切的圆的方程是_____.

10.圆 $x^2+y^2-10x-10y=0$ 与圆 $x^2+y^2+6x-2y-40=0$ 的圆心距是_____.

二、选择题(每题 5 分,共 20 分)

1.方程 $x^2+y^2-8x+6y=0$ 表示的曲线是(　　).

　A.以 $(3,-4)$ 为圆心,5 为半径的圆　　　B.以 $(4,-3)$ 为圆心,25 为半径的圆

　C.以 $(4,-3)$ 为圆心,5 为半径的圆　　　D.不表示任何图形

2.直线 $4x-3y=0$ 与圆 $(x-3)^2+(y+1)^2=5$ 的位置关系是(　　).

　A.相离　　　　　B. 相切　　　　　C.相交　　　　　D.无法确定

3.以点 $(2,-1)$ 为圆心且与直线 $3x-4y+5=0$ 相切的圆的方程为(　　).

　A. $(x-2)^2+(y+1)^2=3$　　　　　B. $(x+2)^2+(y-1)^2=3$

　C. $(x-2)^2+(y+1)^2=9$　　　　　D. $(x+2)^2+(y-1)^2=9$

4.已知圆 $x^2+y^2+ax+by-6=0$ 的圆心是 $(3,4)$,则半径为(　　).

　A. $\sqrt{6}$　　　　　B. $\sqrt{31}$　　　　　C. 5　　　　　D. $\dfrac{7}{2}$

三、解答题(每题 10 分,共 30 分)

1.直线 $y=x-2$ 与圆 $x^2+y^2=9$ 交于 A,B 两点,求 $|AB|$.

2. 从圆 $(x-1)^2+(y-1)^2=1$ 外一点 $P(2,3)$ 向这个圆引切线,求切线的方程.

3. 一圆的圆心 C 在 x 轴上,且此圆经过 $A(5,-1)$,已知 CA 与直线 $l:2x+y-3=0$ 垂直,求此圆的标准方程.

📖 第七节　椭圆

📑【基本概念】

定义	平面内与两定点 F_1,F_2 的距离_____是常数($2a$)的点的轨迹称为椭圆,定点 F_1,F_2 称为椭圆的_____,两焦点的距离 $|F_1F_2|$ 称为_____($2c$)	
标准方程	$\dfrac{x^2}{(\quad)}+\dfrac{y^2}{(\quad)}=1\ (a>b>0)$	$\dfrac{x^2}{(\quad)}+\dfrac{y^2}{(\quad)}=1\ (a>b>0)$
图形		
x 和 y 的取值范围	$-a\leqslant x\leqslant a,-b\leqslant y\leqslant b$	$-b\leqslant x\leqslant b,-a\leqslant y\leqslant a$
顶点	$A_1(\underline{\quad})$,$A_2(\underline{\quad})$ $B_1(\underline{\quad})$,$B_2(\underline{\quad})$	$A_1(\underline{\quad})$,$A_2(\underline{\quad})$ $B_1(\underline{\quad})$,$B_2(\underline{\quad})$
	长轴长为_____,长半轴长为_____	短轴长为_____,短半轴长为_____
对称性	关于 x 轴和 y 轴成轴对称且关于坐标原点成中心对称	

续表

焦点	$F_1(\underline{\quad})$, $F_2(\underline{\quad})$	$F_1(\underline{\quad})$, $F_2(\underline{\quad})$
焦距	$|F_1F_2|=2c(c>0)$	
a,b,c 关系式	$\underline{\qquad\qquad}$	
离心率	$e=\dfrac{(\underline{\quad})}{(\underline{\quad})}$ $(0<e<1)$	

📖【基础练习】

一、填空题

1. 椭圆是平面内到两定点的 _____ 点的轨迹.

2. 焦点在 x 轴上的椭圆标准方程是 _____；焦点在 y 轴上的椭圆标准方程是 _____.

3. 椭圆中 a,b,c 的关系式是 _____，它的离心率 $e=$ _____.

4. 在椭圆 $\dfrac{x^2}{25}+\dfrac{y^2}{9}=1$ 中，$a^2=$ _____，$b^2=$ _____，$a=$ _____，$b=$ _____.

5. 在椭圆 $\dfrac{x^2}{4}+\dfrac{y^2}{16}=1$ 中，$a^2=$ _____，$b^2=$ _____，$a=$ _____，$b=$ _____.

6. 在椭圆 $\dfrac{x^2}{9}+\dfrac{y^2}{16}=1$ 中，$a^2=$ _____，$a=$ _____，$c^2=$ _____，$c=$ _____，离心率 $e=$ _____.

7. 在椭圆 $\dfrac{x^2}{25}+\dfrac{y^2}{16}=1$ 中，长轴长为 _____，短轴长为 _____，焦点坐标是 _____.

8. 椭圆 $3x^2+4y^2=12$ 化成标准方程为 _____，则焦距是 _____.

9. 椭圆 $\dfrac{x^2}{4}+\dfrac{y^2}{16}=1$ 的离心率是 _____，长半轴长为 _____，短半轴长为 _____.

10. F_1,F_2 是椭圆 $\dfrac{x^2}{16}+\dfrac{y^2}{7}=1$ 的两个焦点，该椭圆上有一点 P，则 $|PF_1|+|PF_2|=$ _____.

二、选择题

1. 长半轴长为 3，短半轴长为 2，且焦点在 x 轴上的椭圆标准方程是（　　）.

A. $\dfrac{x^2}{3}+\dfrac{y^2}{2}=1$ 　　　　 B. $\dfrac{x^2}{9}+\dfrac{y^2}{4}=1$ 　　　　 B. $\dfrac{x^2}{2}+\dfrac{y^2}{3}=1$ 　　　　 D. $\dfrac{x^2}{4}+\dfrac{y^2}{9}=1$

2. 椭圆 $\dfrac{x^2}{20}+\dfrac{y^2}{36}=1$ 的离心率是（　　）.

A. $\dfrac{2}{3}$　　　　　　B. $\dfrac{3}{2}$　　　　　　C. $\dfrac{5}{9}$　　　　　　D. $\dfrac{2\sqrt{5}}{3}$

3.离心率为 $\dfrac{3}{5}$,焦距为6,且焦点在 y 轴上,则椭圆的标准方程为(　　　).

A. $\dfrac{x^2}{25}+\dfrac{y^2}{32}=1$　　　　B. $\dfrac{x^2}{16}+\dfrac{y^2}{25}=1$　　　　C. $\dfrac{x^2}{16}+\dfrac{y^2}{32}=1$　　　　D. $\dfrac{x^2}{9}+\dfrac{y^2}{16}=1$

4.椭圆 $\dfrac{x^2}{4}+y^2=1$ 的焦点坐标为(　　　).

A. $(-\sqrt{3},0),(\sqrt{3},0)$ 　　　　　　　　B. $(0,-\sqrt{3}),(0,\sqrt{3})$

C. $(-2,0),(2,0)$ 　　　　　　　　　　D. $(0,-1),(0,1)$

5.方程 $\dfrac{x^2}{m-5}+\dfrac{y^2}{3}=1$ 若表示焦点在 x 轴上的椭圆,则 m 的取值范围是(　　　).

A. $m>5$ 　　　　　B. $m>3$ 　　　　　C. $3<m<5$ 　　　　　D. $m>8$

【变式练习】

一、填空题

1.斜率为3,且经过椭圆 $\dfrac{x^2}{5}+\dfrac{y^2}{4}=1$ 左焦点的直线的方程是_____.

2.若椭圆的焦点为 $F_1(0,6),F_2(0,-6)$,离心率 $e=\dfrac{3}{5}$,则椭圆的标准方程是_____.

3.长半轴长为5,焦点坐标为 $F_1(-4,0),F_2(4,0)$,则椭圆的标准方程是_____.

4.短半轴长为2,焦点坐标为 $F_1(0,3),F_2(0,-3)$,则椭圆的标准方程是_____.

5. F_1,F_2 为椭圆 $\dfrac{x^2}{16}+\dfrac{y^2}{7}=1$ 的两个焦点,经过椭圆的左焦点 F_1 的直线 l 交椭圆于 A,B 两点,则 $\triangle ABF_2$ 的周长是_____.

6.椭圆 $\dfrac{x^2}{16}+\dfrac{y^2}{25}=1$ 上一点 P 到焦点 F_1 的距离为2,则 P 到另一焦点 F_2 的距离是_____.

7.经过两点 $M(6,0),N(0,7)$ 的椭圆的标准方程是_____.

8.若方程 $\dfrac{x^2}{k-5}+\dfrac{y^2}{9-k}=1$ 表示焦点在 y 轴上的椭圆,则 k 的取值范围是_____.

二、解答题

1.已知椭圆 $9x^2+4y^2=36$,求它的长轴长、短轴长、焦距、离心率、焦点坐标、顶点坐标.

2.已知椭圆经过 $M(3,0)$，且长轴长是短轴长的 3 倍，求椭圆的标准方程.

3.已知椭圆的 2 个焦点 F_1，F_2 在 x 轴上，长轴长为 4，离心率为 $\dfrac{\sqrt{3}}{2}$，(1) 求椭圆的标准方程；(2) 设直线 $y=\dfrac{\sqrt{3}}{2}x+1$ 与椭圆相交于 A，B 两点，求 $|AB|$.

📖【综合练习】

*1.已知椭圆的焦点 F_1，F_2 在 x 轴上，且与 x 轴的负半轴交于点 A，$|AF_1|=2$，$|AF_2|=14$，求此椭圆的标准方程.

*2.已知椭圆的 2 个焦点分别为 $F_1(-\sqrt{3},0)$，$F_2(\sqrt{3},0)$，过 F_1 平行于 y 轴的直线 l 与椭圆交于 A，B 两点，且 $|AB|=4$，求此椭圆的标准方程.

3.已知椭圆中心在原点，焦点在 x 轴上，长半轴长为 2，且经过点 $\left(1,\dfrac{\sqrt{3}}{2}\right)$，(1) 求该椭圆的标准方程；(2) 若直线 $y=x+m$ 与该椭圆有交点，求 m 的取值范围.

📖第八节　双曲线

📖【基本概念】

定义	平面内与两个定点 F_1,F_2 的距离之 _____ 是常数 $(2a)$ 的点的轨迹称为双曲线.两个定点 F_1,F_2 称为双曲线的 _____，两个焦点的距离 $|F_1F_2|$ 称为 _____	
标准方程	_____ $=1(a>0,b>0)$	_____ $=1(a>0,b>0)$
图形		
x 和 y 的取值范围	$x\leqslant -a$ 或 $x\geqslant a,y\in \mathbf{R}$	$x\in \mathbf{R},y\leqslant -a$ 或 $y\geqslant a$
顶点坐标	$A_1($ 　　$),A_2(a,0)$	$A_1($ 　　$),A_2(0,-a)$
	实轴长为 _____，实半轴长为 a，虚轴长为 $2b$，虚半轴长为 _____	
对称性	关于 x 轴和 y 轴成轴对称，关于坐标原点成中心对称	
焦点坐标	$F_1($ 　　$),F_2(c,0)$	$F_1(0,-c),F_2($ 　　$)$
焦距	$|F_1F_2|=2c(c>0)$	
a,b,c 关系式	$c^2=$ _____	
渐近线方程	$y=\pm \dfrac{b}{a}x$	$y=$ _____
离心率	$e=$ _____ $(e>1)$	
等轴双曲线	实半轴长 a 与虚半轴长 b 相等的双曲线称为等轴双曲线，其渐近线方程为 $y=\pm x$	

📖【基础练习】

一、填空题

1.双曲线的定义是_____.

2.焦点在 y 轴上的双曲线的标准方程是_____.

3.焦点在 x 轴上的双曲线的标准方程是_____.

4.双曲线中 a,b,c 的关系式是_____,离心率 $e=$ _____.

5.双曲线 $\dfrac{x^2}{4}-\dfrac{y^2}{9}=1$,则 $a^2=$ _____,$b^2=$ _____,$c^2=$ _____,$e=$ _____,焦点坐标为_____,实轴长为_____,虚轴长为_____.

6.双曲线 $\dfrac{y^2}{16}-\dfrac{x^2}{9}=1$,则 $a^2=$ _____,$b^2=$ _____,$c^2=$ _____,$e=$ _____,焦点坐标为_____,实轴长为_____,虚轴长为_____.

7.双曲线 $\dfrac{y^2}{16}-\dfrac{x^2}{36}=1$ 的渐近线方程是_____.

8.双曲线 $\dfrac{x^2}{9}-\dfrac{y^2}{16}=1$ 的渐近线方程是_____.

9.实半轴长为 3,焦点坐标为 $F_1(0,5),F_2(0,-5)$ 的双曲线的标准方程是_____.

10.虚轴长为 4,焦点坐标为 $F_1(-3,0),F_2(3,0)$ 的双曲线的标准方程是_____.

二、选择题

1.双曲线 $\dfrac{x^2}{9}-\dfrac{y^2}{16}=1$ 的焦距是(　　).

A.3　　　　　　　B.10　　　　　　　C.6　　　　　　　D.8

2.一个焦点坐标为 $(0,-5)$,虚轴长为 6 的双曲线的标准方程是(　　).

A.$\dfrac{x^2}{25}-\dfrac{y^2}{9}=1$　　　B.$\dfrac{x^2}{16}-\dfrac{y^2}{9}=1$　　　C.$\dfrac{x^2}{9}-\dfrac{y^2}{16}=1$　　　D.$\dfrac{y^2}{16}-\dfrac{x^2}{9}=1$

3.一个顶点坐标为 $(-5,0)$,虚轴长为 6 的双曲线的标准方程是(　　).

A.$\dfrac{x^2}{25}-\dfrac{y^2}{9}=10$　　　B.$\dfrac{x^2}{16}-\dfrac{y^2}{9}=1$　　　C.$\dfrac{x^2}{9}-\dfrac{y^2}{16}=1$　　　D.$\dfrac{y^2}{16}-\dfrac{x^2}{9}=1$

4.焦点在 y 轴上,焦距是 18,离心率为 $\dfrac{3}{2}$ 的双曲线方程是(　　).

A.$\dfrac{y^2}{36}-\dfrac{x^2}{45}=1$　　　B.$\dfrac{y^2}{45}-\dfrac{x^2}{36}=1$　　　C.$\dfrac{y^2}{16}-\dfrac{x^2}{9}=1$　　　D.$\dfrac{y^2}{9}-\dfrac{x^2}{16}=1$

5.已知中心在原点,顶点在 x 轴上,两顶点之间的距离为 4,渐近线方程为 $y=\pm 2x$ 的双曲线方程是(　　).

A.$\dfrac{x^2}{4}-\dfrac{y^2}{16}=1$　　　B.$\dfrac{x^2}{16}-\dfrac{y^2}{4}=1$　　　C.$\dfrac{x^2}{12}-\dfrac{y^2}{4}=1$　　　D.$\dfrac{x^2}{4}-\dfrac{y^2}{12}=1$

📖【变式练习】

一、填空题

1. 已知双曲线方程 $9x^2-16y^2=-144$，标准方程为 _____，它的实轴长为_____，虚轴长为_____，顶点坐标为_____，焦点坐标为_____，离心率为_____，渐近线方程为_____.

2. 已知双曲线方程 $x^2-y^2-25=0$，标准方程为_____，它的实轴长为_____，虚轴长为_____，所以称为_____双曲线，顶点坐标为_____，焦点坐标为_____，离心率为_____，渐近线方程为_____.

3. 动点 P 与 $F_1(0,5)$，$F_2(0,-5)$ 满足 $\left| |PF_1|-|PF_2| \right|=6$，则点 P 的轨迹方程为_____.

4. 已知双曲线 $\dfrac{x^2}{144}-\dfrac{y^2}{25}=1$ 的两焦点为 F_1，F_2，此双曲线上一点 P 到 F_1 的距离为 6，则 P 到 F_2 的距离为_____.

5. 双曲线的一个焦点是 $(-5,0)$，渐近线方程为 $y=\pm\dfrac{3}{4}x$，则双曲线的方程为_____.

6. 设 $\dfrac{\pi}{2}<\alpha<\pi$，则方程 $\dfrac{x^2}{\cos\alpha}+\dfrac{y^2}{\sin\alpha}=1$ 表示的是焦点在_____轴上的_____（填"椭圆"或"双曲线"）.

7. 设双曲线的焦点坐标是 $(-5,0)$，$(5,0)$，且双曲线过 $A(-4,0)$，则双曲线的标准方程为_____.

8. 等轴双曲线的中心在原点，一个焦点坐标为 $(\sqrt{14},0)$，则它的标准方程为_____.

二、解答题

*1. 求以椭圆 $\dfrac{x^2}{25}+\dfrac{y^2}{9}=1$ 的焦点为顶点，椭圆的顶点为焦点的双曲线方程.

2.已知方程 $\dfrac{x^2}{3+m}+\dfrac{y^2}{m+1}=1$ 表示以下图形,(1)若表示椭圆,求 m 的取值范围;(2)若表示双曲线,求 m 的取值范围.

3.双曲线的中心在原点,一条渐近线方程是 $4x-3y=0$,一个焦点坐标是 $(5,0)$,求该双曲线的标准方程.

📖【综合练习】

*1.已知双曲线 $\dfrac{x^2}{9}-\dfrac{y^2}{16}=1$ 两个焦点 F_1,F_2,双曲线上一点 P,当 $PF_1\perp PF_2$ 时,求 $\triangle PF_1F_2$ 的面积.

2.已知过双曲线焦点 F_1 的弦长 $|AB|=5$,长轴长为 10,求 $\triangle ABF_2$ 的周长.

*3.已知双曲线 $\dfrac{x^2}{a^2}-\dfrac{y^2}{b^2}=1(a>0,b>0)$ 的右焦点为 $F(c,0)$,(1)若双曲线的一条渐近线方程为 $y=x$ 且 $c=2$,求双曲线方程;(2)以原点 O 为圆心,c 为半径作圆,该圆与双曲线在第一象限的交点为 A,过 A 作圆的切线,斜率为 $-\sqrt{3}$,求双曲线的离心率.

第九节　抛物线

【基本概念】

定义	平面内到定点 F 的距离与到定直线 l 的距离_____的点的轨迹称为抛物线.定点 F 称为抛物线的_____,定直线 l 称为抛物线的_____			
标准方程	$y^2=2px(p>0)$	_____	_____	_____
图形				
顶点	$O(0,0)$			
对称轴	_____轴		_____轴	
焦点坐标	$F\left(\dfrac{p}{2},0\right)$	$F($ 　　 $)$	$F($ 　　 $)$	$F\left(0,-\dfrac{p}{2}\right)$
准线方程	_____	$x=\dfrac{p}{2}$	$y=-\dfrac{p}{2}$	_____
离心率	$e=1$			
p 的几何意义	p 表示抛物线的_____到_____的距离			

【基础练习】

一、填空题

1.抛物线 $y^2=6x$ 的焦点坐标是_____,准线方程为_____.

2.抛物线 $y^2=-10x$ 的焦点坐标是_____,准线方程为_____.

3.抛物线 $x^2=4y$ 的焦点坐标是_____,准线方程为_____.

4.抛物线 $x^2=-12y$ 的焦点坐标是_____,准线方程为_____.

5.若顶点在原点,焦点为 $F(-3,0)$,则抛物线的方程为_____.

6.若顶点在原点,焦点为 $F(0,-3)$,则抛物线的方程为_____.

7.抛物线的顶点在原点,准线方程为 $y=-1$,则它的标准方程为_____.

8.抛物线 $x^2=10y$ 的焦点到准线的距离是_____.

9.抛物线 $y^2=24x$ 上一点 M 到焦点的距离为 10,则点 M 到准线的距离是 _____.

10.抛物线的顶点在原点,开口方向朝 y 轴正半轴,过点 $n(3,10)$,则抛物线的标准方程为_____.

二、选择题

1.顶点在原点,准线为 $y=4$ 的抛物线方程为(　　).

A.$y^2=16x$ 　　　　　B.$y^2=-16x$ 　　　　　C.$x^2=16y$ 　　　　　D.$x^2=-16y$

2.顶点在原点,焦点为 $F(0,4)$ 的抛物线方程为(　　).

A.$y^2=16x$ 　　　　　B.$y^2=-16x$ 　　　　　C.$x^2=16y$ 　　　　　D.$x^2=-16y$

3.抛物线 $y^2=-3x$ 的焦点坐标和准线方程分别是(　　).

A.$F\left(\dfrac{3}{4},0\right),x=-\dfrac{3}{4}$ 　　　　　　　　B.$F\left(-\dfrac{3}{4},0\right),x=\dfrac{3}{4}$

C.$F\left(-\dfrac{3}{4},0\right),x=\dfrac{3}{2}$ 　　　　　　　　D.$F\left(\dfrac{3}{4},0\right),x=-\dfrac{3}{4}$

4.已知抛物线方程 $y^2=8x$,则它的焦点到准线的距离是(　　).

A.8 　　　　　　　B.4 　　　　　　　C.2 　　　　　　　D.6

5.抛物线的顶点在原点,开口朝向 y 轴的负半轴,过点 $n(2,-1)$,则抛物线的标准方程是(　　).

A.$x^2=4y$ 　　　　　B.$x^2=-4y$ 　　　　　C.$y^2=4x$ 　　　　　D.$y^2=-4x$

【变式练习】

一、填空题

1.抛物线 $4y^2-9x=0$ 的焦点坐标是 _____,准线方程为_____.

2.抛物线顶点在坐标原点,焦点到准线的距离为 6,焦点在 y 轴上,则抛物线的方程为_____.

3.顶点在原点,图像关于 x 轴对称,且经过点 $P(-2,-3)$ 的抛物线的标准方程为_____.

4.抛物线 $y^2+8x=0$ 的焦点坐标是 _____,准线方程为_____.

5.以椭圆 $\dfrac{x^2}{9}+\dfrac{y^2}{25}=1$ 的下焦点为焦点,顶点在原点的抛物线方程为_____.

6.以双曲线 $\dfrac{x^2}{9}-\dfrac{y^2}{16}=1$ 的左焦点为焦点,顶点在原点的抛物线方程为_____.

7.已知直线 $y=2x-1$ 与抛物线 $y=x^2$ 相交,则交点坐标为 _____.

8.与平面内一定点 $F(-1,0)$ 和定直线 $x=1$ 的距离相等的点的轨迹方程为_____.

9.顶点在原点,焦点为圆 $(x-2)^2+y^2=9$ 的圆心的抛物线,其标准方程为_____.

二、解答题

1.若直线 $y=2x+m$ 与抛物线 $y^2=-6x$ 没有公共点,求 m 的取值范围.

2.已知抛物线方程为 $y^2=-8x$,过焦点 F 作对称轴的垂线 l, l 交抛物线于 A, B 两点,求 $|AB|$.

*3.已知抛物线上一点 $M(m,n)$ 到抛物线的准线 $x=-1$ 的距离为 7,求 m 和 n.

【综合练习】

1.直线 $y=x-3$ 与抛物线 $y^2=4x$ 相交于 A, B 两点, O 为坐标原点,求 $\triangle AOB$ 的面积.

*2.有一抛物线形拱桥,当水面距拱顶 2 m 时,水面宽 8 m;当水面下降 3 m 时,水面宽是多少米?

*3.已知抛物线的顶点在原点,对称轴为 y 轴,焦点坐标为 $F(0,1)$,(1)求抛物线的标准方程;(2)若过点 $A(0,m)$ 且斜率为 2 的直线与该抛物线没有交点,求 m 的取值范围;(3)过焦点 F 且与 x 轴平行的直线与抛物线相交于 P,Q 两点,求以 F 为圆心,PQ 为直径的圆的方程.

📖自我评价

（满分 100 分,时间 45 分钟）　　　　　评价结果:_____

一、填空题(每题 5 分,共 50 分)

1.椭圆 $\dfrac{x^2}{25}+\dfrac{y^2}{16}=1$ 的焦点坐标为_____.

2.椭圆 $9x^2+5y^2=45$ 的离心率是_____.

3.椭圆经过点 $P(-2,0)$,且长轴长是短轴长的 2 倍,则椭圆的标准方程是_____.

4.已知 F_1,F_2 为椭圆 $\dfrac{x^2}{36}+\dfrac{y^2}{9}=1$ 的两个焦点,过 F_1 的直线与椭圆交于 A,B 两点,则 $\triangle ABF_2$ 的周长是_____.

5.双曲线 $\dfrac{y^2}{64}-\dfrac{x^2}{16}=1$ 上一点到它的一个焦点的距离为 1,则该点到另一个焦点的距离为_____.

6.双曲线的焦点在 x 轴上,其实半轴长为 $2\sqrt{5}$,且经过点 $(-5,2)$,则双曲线的标准方程为_____.

7.双曲线 $\dfrac{x^2}{3}-\dfrac{y^2}{4}=1$ 的两条渐近线方程为_____.

8.抛物线 $x^2=12y$ 的焦点坐标为_____.

9.顶点在原点,准线是 $x=4$ 的抛物线的标准方程为_____.

10.抛物线 $4y^2-x=0$ 的准线方程为_____.

二、选择题(每题 5 分,共 20 分)

1.椭圆的 $\frac{x^2}{25}+\frac{y^2}{9}=1$ 的离心率是(   ).

A.$\frac{3}{5}$ B.$\frac{4}{5}$ C.$\frac{3}{4}$ D.$\frac{5}{4}$

2.椭圆的长轴长为 6,且长轴在 y 轴上,离心率为 $\frac{2}{3}$,则该椭圆的标准方程为(   ).

A.$\frac{x^2}{36}+\frac{y^2}{20}=1$ B.$\frac{x^2}{9}+\frac{y^2}{5}=1$ C.$\frac{x^2}{20}+\frac{y^2}{36}=1$ D.$\frac{x^2}{5}+\frac{y^2}{9}=1$

3.一个焦点坐标为 $(0,-10)$,虚轴长为 16 的双曲线的标准方程是(   ).

A.$\frac{x^2}{64}-\frac{y^2}{36}=1$ B.$\frac{x^2}{36}-\frac{y^2}{64}=1$ C.$\frac{x^2}{25}-\frac{y^2}{36}=1$ D.$\frac{y^2}{36}-\frac{x^2}{64}=1$

4.准线方程为 $x=2$ 的抛物线的标准方程是(   ).
A.$y^2=-4x$ B.$y^2=-8x$ C.$y^2=4x$ D.$y^2=8x$

三、解答题(每题 10 分,共 30 分)

1.以原点为对称中心的双曲线的一个焦点是 $F_1(-5,0)$,一条渐近线方程是 $4x-3y=0$,求双曲线的方程.

2.有一抛物线形拱桥,当水面距拱顶 4 m 时,水面宽 40 m;当水面下降 1 m 时,水面宽是多少米?

3.点 P 是椭圆 $4x^2+5y^2=20$ 上的一点,且它在 x 轴的上方,F_1,F_2 分别为椭圆的左、右焦点,斜率为 -1 的直线 PF_2 与椭圆交于 Q 点,M 为 PQ 的中点,求 $\triangle MF_1F_2$ 的面积.

第八单元　统计初步

第一节　分类计数原理与分步计数原理

【基本概念】

名　称	定　义	计数方式	备　注
分类计数原理（加法原理）	完成一件事件有 n 类办法,在第一类办法中有 m_1 种不同的方法,在第二类办法中有 m_2 种不同的方法……在第 n 类办法中有 m_n 种不同的方法,那么完成这件事共有 N 种不同的方法	$N=$ _____	在 n 类方法中,每类方法之间是相互排斥、相互独立的
分步计数原理（乘法原理）	完成一件事需要分成 m 个步骤,做第一步有 m_1 种不同的方法,做第二步有 m_2 种不同的方法……做第 n 步有 m_n 种不同的方法,那么完成这件事有 M 种不同的方法	$M=$ _____	在 m 个步骤中,每一步的方法都缺一不可,相互依存,且每步的方法必须逐一完成

【基础练习】

一、填空题

1.一个书架上放有 3 层书,最上面一层放了 12 本语文书,中间层放了 15 本数学书,最下面一层放了 9 本英语书,从这个书架上任取 1 本书,则有_____种不同的取法.

2.从上题的书架上取语文、数学、英语书各 1 本,则有_____种不同的取法.

3.从 1,2,3,4 中任取 3 个数组成三位数,则可以组成_____个不同的三位数.

4.重庆由"6"开头的 8 位数字座机电话号码最多可设置_____门.

5.一个口袋中装有 30 个红球,20 个白球,从中任取 1 个球有_____种不同的取法,每种颜色的球各取 1 个,有_____种不同的取法.

6.用 1,2,3,4,5 这 5 个数字,可以组成_____个没有重复数字的三位数.

7.美羊羊为了参加比赛,她准备了 2 件上衣和 3 条裤子,一共有_____种不同的穿法.

8.图书馆的书架有 3 层,第 1 层有 3 本不同的文艺杂志,第 2 层有 5 本不同的教辅书,第 3 层有 8 本不同的小说,现从中任取一本书,共有_____种不同的取法.

9.5 名同学站一排照相,小张必须站在最左边的位置,若姿势不计,则他们有_____种不同的站法.

10.一个工厂生产某种产品的零部件需要 3 道工序,第 1 道工序有 4 种完成方法,第 2 道工序有 3 种完成方法,第 3 道工序有 2 种完成方法,若要完成这种产品,则该工厂有_____种不同的生产方法.

二、选择题

1.在一次读书活动中,老师推荐了 7 本科普作品和 10 本文学作品,从中选一本,不同的选法有(   ).

A.7 种　　　　　B.10 种　　　　　C.17 种　　　　　D.70 种

2.7 名男选手和 8 名女选手组成乒乓球混合双打队,不同的组合方式有(   ).

A.7 种　　　　　B.8 种　　　　　C.15 种　　　　　D.56 种

3.从 A 城到 B 城有 4 条路,从 B 城到 C 城有 3 条路,问从 A 城经 B 城到 C 城,共有(   )种不同的走法.

A.12　　　　　B.7　　　　　C.1　　　　　D.8

4.从重庆到成都可以乘动车、汽车、飞机,假定一天中重庆到成都的火车有 12 个班次,汽车有 24 个班次,飞机有 6 个班次,则一天中从重庆到成都选择乘坐以上交通工具的方法有(   ).

A.42 种　　　　　B.1728 种　　　　　C.96 种　　　　　D.158 种

5.把 3 封信投入 4 个邮箱中,则有(   )不同的投递方法.

A.12 种　　　　　B.24 种　　　　　C.64 种　　　　　D.81 种

【变式练习】

一、填空题

1.用 1,2,3,4,5 这 5 个数字组成各位数字都不重复的三位数,其中偶数共有_____个.

2.用 0,1,2,3,4,5 这 6 个数字组成各位数字都不重复的三位数共有_____个.

3.用 1,2,3,4,5 这 5 个数字组成各位数字可重复的三位数共有_____个.

4.从 1,2,3,4,5 这 5 个数字中任取 2 个不同的数字组成两位数,这些两位数中是 5 的倍数的数有_____个.

5.有 8 人约定春节期间每人必须给其他人都发一条祝贺春节的短信,则这 8 人共发了_____条短信.

6.小李用 300 元钱发红包给亲朋好友,用 100 元发每人 5 元的红包,再用 100 元发每人 10 元的红包,最后用 100 元发每人 20 元的红包,则小李共发出红包_____个.

7.某企业生产出一种产品 A,在 100 件产品中,有 95 件合格品,5 件次品,请问从这 100 件产品中任意抽出 3 件产品,恰好只有 1 件是合格品的抽法有_____种.

8.用 1,2,3,4,5,6 这 6 张数字卡片,每次取 3 张卡片组成三位数,一共可以组成_____个不同的偶数.

二、解答题

1.重庆的座机电话号码由 8 位数字构成,其中首位数字是"6"或"8",请你算一算重庆的座机电话最多有多少门?

2.4 名同学邀请 1 名老师一起照相,老师必须站正中间,若姿势不计,共有多少种不同的站法?

*3.从 1,2,3,4,5 这 5 个数字中任取 3 个数组成一个三位数,2 只出现 1 次的三位数有多少个?

【综合练习】

*1.从 0,1,2,3,4,5 这 6 个数字中任取 4 个数组成各位数字不重复的四位数,其中偶数有多少个?

2.某校有 3 个年级,每个年级有 4 个班,要求每班组织一支球队,进行年级内的小组赛(一个年级一个组),且一个年级内的球队之间必须都要进行比赛,则 3 个年级分别比赛完,共进行了多少场球赛?

*3.从 0,1,2,3,4,5 这 6 个数字中任取 4 个数组成各位数字不重复的四位数,这些四位数中大于 2500 的数有多少个?

📖 第二节 排列

📖 【基本概念】

名　称	定　义	计算公式
排列	一般地,从 n 个不同元素中取出 $m(m \leqslant n)$ 个元素,按照一定顺序排成一列,称为从 n 个元素中取出 m 个元素的一个排列; 从 n 个不同元素中任取 $m(m \leqslant n)$ 个不同元素的所有排列个数,称为从 n 个不同元素中取出 m 个元素的排列数,记作 P_n^m	$P_n^m = $ ＿＿＿＿＿＿＿; $P_n^1 = $ ＿＿＿＿＿＿＿; 规定:$0! = $ ＿＿＿＿＿＿＿
全排列	一般地,从 n 个不同元素中取出 n 个元素的所有排列个数,称为全排列,记作 P_n^n	$P_n^n = $ ＿＿＿＿＿＿＿

📖 【基础练习】

一、填空题

1.$P_3^1 = $ ＿＿＿＿＿＿＿,$P_6^2 = $ ＿＿＿＿＿＿＿.

2.$0! = $ ＿＿＿＿＿＿＿,$4! = $ ＿＿＿＿＿＿＿.

3. $P_5^5 = $ _____，$P_4^3 = $ _____．

4. 从 7 位优秀员工中选出正副主任各一人，共有_____种不同的选举结果．

5. 颁奖典礼结束后，美羊羊、懒羊羊、喜羊羊 3 位运动员打算和村长站成一排照相（不考虑站姿），请问一共有_____种不同的站法．

6. 比赛结束后，美羊羊、懒羊羊、喜羊羊 3 位运动员为了增进交流，每位之间互通一封信，共写了_____封信．

7. 用 1，2，3，4，5，6 这 6 张数字卡片，每次取 3 张卡片组成三位数，一共可以组成_____个不同的三位数．

8. 5 名男同学和 2 名女同学一起站一排照相，若姿势不计，共有_____种不同的站法．

9. 5 名男同学和 2 名女同学一起站一排照相，若姿势不计，2 名女同学必须相邻，共有_____种不同的站法．

10. 5 名男同学和 2 名女同学一起站一排照相，若姿势不计，2 名女同学必须不相邻，共有_____种不同的站法．

二、选择题

1. 从 8 名学生中选出 2 人当班长和学习委员，则不同的选法有（　　）．

　　A.8 种　　　　　　B.10 种　　　　　　C.16 种　　　　　　D.56 种

2. 广州与贵阳之间的高铁，含广州和贵阳共有 9 个站．如果某动车从广州开往贵阳，再从贵阳开回广州，则该动车共需制定（　　）种不同的车票．

　　A.14　　　　　　　B.18　　　　　　　C.36　　　　　　　D.72

3. 3 名男同学和 2 名女同学站成一排唱歌，若姿势不计，其中 2 名女同学相邻的站法有（　　）．

　　A.12 种　　　　　　B.24 种　　　　　　C.48 种　　　　　　D.120 种

4. 用红、黄、蓝 3 种颜色填涂图中的 A，B，C 3 个方框，若相邻方框的颜色不相同，则有（　　）种不同的涂法．

　　A.12　　　　　　　　　　　　B.36

　　C.48　　　　　　　　　　　　D.72

5. 由 1，2，3，4，5 这 5 个数字组成没有重复数字的三位数，这些三位数中的奇数有（　　）．

　　A.24 个　　　　　　B.36 个　　　　　　C.48 个　　　　　　D.120 个

📖【变式练习】

一、填空题

1. 由 0，1，2，3，4，5 这 6 个数组成各位数字不重复的三位数，末尾是 3 的数有_____个．

2. 5 人并排站成一行，其中甲、乙两人必须相邻的站法有_____种．

3.学校乒乓球队一共有 4 名男生和 3 名女生,某次比赛后他们站成一排照相,其中男生不能相邻的站法共有_____种.

*4.5 名学生和 2 名老师站成一排照相,2 名老师相邻但不能站在两端,则不同的站法有_____种.

5.用 1,2,3,4,5,6 这 6 张数字卡片,每次取 3 张卡片组成三位数,一共可以组成_____个不同的偶数.

6.4 名男同学和 3 名女同学一起站一排照相,若姿势不计,3 名女生必须相邻,则共有_____种不同的站法.(只列式不计算)

7.4 名男同学和 3 名女同学一起站一排照相,若姿势不计,3 名女生必须不相邻,则共有_____种不同的站法.(只列式不计算)

8.某班级某天安排有 6 节课,其中语文 2 节,数学 2 节,英语 2 节,且都是每个学科 2 节课一起上,问这个班这天共有_____种不同的排课方法.

二、解答题

1.将 6 本书随机地放在书架上,则其中指定的 2 本书放在一起的放置方法有多少种?

2.某单位将举办元旦晚会,有 3 个舞蹈节目,2 个相声节目,2 个歌曲节目,共 7 个节目.若舞蹈节目不能连续出场,则这场晚会共有多少种不同的编排方法?

3.用数字 0,1,2,3,4 可以组成多少个各位数字没有重复的三位数? 其中偶数有多少个?

📖【综合练习】

*1.现要安排一个有 5 个歌曲节目和 4 个舞蹈节目的节目单,(1)若把舞蹈节目安排在一起,歌曲节目安排在一起,则共有多少种不同的安排方法?(2)任何两个舞蹈节目不相邻的安排方法有多少种?(3)歌曲节目与舞蹈节目间隔安排的方法有多少种?

2.把 1,2,3,4,5 组成各位数字均没有重复且数字 1,2 不相邻的五位数,求这种五位数共有多少个?

*3.星期三上午要安排 4 节课,有语文、数学、英语和体育,且体育不能安排在第 1 节课,数学不能安排在第 4 节课,问这天上午的课有多少种不同的安排方法?

第三节　组合

【基本概念】

名　称	定　义	计算公式
组合	一般地,从 n 个不同元素中,任取 $m(m\leqslant n)$ 个元素组成一组,称为从 n 个不同元素中取出 m 个不同元素的一个组合; 从 n 个不同元素中,任取 $m(m\leqslant n)$ 个元素的所有组合个数,称为从 n 个不同元素中取出 m 个元素的组合数,记作 C_n^m	$C_n^m=$ _____； $C_n^1=$ _____； $C_n^n=$ _____； $C_n^0=$ _____
组合的性质	① $C_n^m=$ _____； ② $C_n^m+C_n^{m-1}=$ _____； ③ $C_n^0+C_n^1+\cdots+C_n^n=$ _____	

【基础练习】

一、填空题

1. $C_5^4=$ _____, $C_5^0=$ _____, $C_4^4=$ _____.

2. $C_{100}^1=$ _____.

3. $C_{100}^{98}=$ _____.

4. $C_{49}^{48}+C_{49}^{47}=$ _____.

5. $C_5^0+C_5^1+C_5^2+C_5^3+C_5^4+C_5^5=$ _____.

6. 从 8 人中任选 2 人参加兴趣活动,则有 _____ 种不同的选法.

7. 100 件产品中有 5 件次品,从中任取 4 件产品,恰好有 2 件是合格品的抽法有 _____ 种,至少有 1 件是合格品的抽法有 _____ 种.(只列式不计算)

8. 从 50 名学生中任选 5 人组成班委,共有 _____ 种不同的选法.(只列式不计算)

9. 比赛快开始了,美羊羊、懒羊羊、喜羊羊 3 名运动员进场了,如果每 2 名运动员进行一场比赛,一共要比 _____ 场.

10. 美羊羊、懒羊羊、喜羊羊 3 名运动员进场见面后相互握手鼓励对方,那么这 3 名运动员,每 2 名运动员握一次手,一共需要握手 _____ 次.

二、选择题

1.从 5 名学生中选出 2 名代表,不同的选法有(　　).

　　A.P_5^2 种 　　　　　　B.C_5^2 种 　　　　　　C.$2P_5^2$ 种 　　　　　　D.$3C_5^2$ 种

2.重庆与成都之间的铁路,含重庆和成都共有 9 个站,该条线路共有(　　)种不同的票价(距离相同,票价相同).

　　A.14 　　　　　　B.18 　　　　　　C.36 　　　　　　D.72

3.6 名护士分到 3 所医院工作,一所医院 2 名护士,则共有(　　)种不同的分配方法.

　　A.3 　　　　　　B.C_6^2 　　　　　　C.C_6^3 　　　　　　D.$C_6^2C_4^2C_2^2$

4.$C_6^1+C_6^2+C_6^3+C_6^4+C_6^5=$(　　).

　　A.64 　　　　　　B.62 　　　　　　C.57 　　　　　　D.32

5."$x=10$"是"$C_{10}^x=1$"的(　　)条件.

　　A.充分不必要 　　　　B.必要不充分 　　　　C.充分必要 　　　　D.既不充分也不必要

【变式练习】

一、填空题

1.$C_{49}^{48}+C_{49}^{47}=$ _____.

2.若 $C_{28}^x=C_{28}^{3x-8}$,则 $x=$ _____.

3.若 $C_{10}^x+C_{10}^7=C_{11}^7$,则 $x=$ _____.

4.学校开展植树活动,要求每班派 3 名男生和 1 名女生参加,某班现有 8 名男生和 5 名女生都积极报名参加这次的植树活动,则该班共有_____种不同的安排方法.

5.在"20 选 5"的福利彩票中,从 1—20 这 20 个数字中任选 5 个不同的数字组成一组号码,其中只有一组号码是中头等奖的号码,则中头等奖的概率是_____.

6.从 4 台甲型和 5 台乙型电视机中任意取出 3 台,其中至少有甲型与乙型电视机各 1 台,则不同的取法共有_____种.

7.50 件产品中有 4 件是次品,从中任意抽取 5 件,至少有 3 件是次品的抽法共有_____种.

8.5 位同学之间互通一封信,共写了_____封信,互通一次电话,共通了_____次电话.

二、解答题

1.由 0,1,2,3,4,5 可以组成多少个各位数字都不重复的五位数?其中奇数有多少个?

*2.现有 5 个不同的小球,装入 4 个不同的盒内,并且每盒至少装一个球,共有多少种不同的装法?

*3.把 5 封信投入 3 个邮箱中,每个邮箱至少有 1 封信的投递方法共有多少种?

📖【综合练习】

*1.在运动会中,某运动队有男运动员 6 名,女运动员 4 名,选派 5 人参加比赛,则至少有 1 名女运动员的选派方法有几种?

2.有 4 个不同的球和 6 个不同的盒子,现从中选出 2 个盒子,每个盒子放入 2 个球,则有多少种不同的放法?

*3.现将 3 名学生安排到 4 个实习基地实习,要求每个实习基地安排的学生不超过 2 名,则不同的安排方案有多少种?

"数列"单元检测题

（满分 100 分，时间 90 分钟）

一、选择题（共 12 题，每题 3 分，共 36 分）

1.在等差数列 $\{a_n\}$ 中，$a_1=3$，公差 $d=2$，则 $a_8=($).

   A.15   B.16   C.17   D.19

2.在等比数列 $\{a_n\}$ 中，$a_2=-2$，$a_4=-8$，则公比 $q=($).

   A.-2 B.± 2 C.2 D.$\dfrac{1}{2}$

3.2 和 8 的等比中项是(   ).

   A.5   B.± 5 C.4   D.± 4

4.在下列各组数中，构成等比数列的是(   ).

   A.2,4,6   B.1,4,9   C.$\sqrt{2},2,\sqrt{8}$ D.lg 3,lg 9,lg 27

5.在等差数列 $\{a_n\}$ 中，$a_5=21$，$a_8=33$，则公差 $d=($).

   A.-4 B.4   C.5   D.12

6.在等差数列 $\{a_n\}$ 中，前三项分别为 $-8,-5,-2$，则 289 是它的第(   )项.

   A.100   B.99   C.98   D.97

7.某厂 2017 年的产值为 100 万元，预计今后每年的产值都比上年增长 5%，则 2021 年该厂的产值将达(   )万元.

   A.$100(1+5\%)^3$ B.$100(1+5\%)^4$ C.$100(1+5\%)^5$ D.$100(1+5\%)^6$

8.在等比数列 $\{a_n\}$ 中，$a_3=2$，$a_7=8$，则 $a_5=($).

   A.-4 B.4   C.± 4 D.± 2

9.数列 $0,2,0,2,\cdots$ 的一个通项公式是(   ).

   A.$a_n=1+(-1)^{n-1}$ B.$a_n=1+(-1)^n$ C.$a_n=1-(-1)^n$ D.$a_n=2\cos n\pi$

10.有等比数列 $1,-2,4,-8,\cdots$，则 1024 是它的第(   )项.

   A.9   B.10   C.11   D.12

11.2 和 8 的等差中项是(   ).

   A.4   B.10   C.5   D.6

12.一个三角形其 3 个内角成等差数列，中间的那个角为(   ).

   A.30°   B.45°   C.60°   D.90°

二、填空题（共 6 题，每题 3 分，共 18 分）

13.$3-\sqrt{2}$ 和 $3+\sqrt{2}$ 的等差中项为 _____.

14.已知在等比数列 $\{a_n\}$ 中，$a_2=2$，公比 $q=-3$，则 $a_5=$_____.

15.已知在等差数列 $\{a_n\}$ 中，$a_{10}=9$，$a_{18}=-7$，则公差 $d=$ _____ .

16.已知在等比数列 $\{a_n\}$ 中，a_4，a_8 是方程 $x^2+6x+4=0$ 的两根，则 $a_6=$ _____ .

17.在等差数列 $\{a_n\}$ 中，$a_3+a_{13}=30$，则它的前 15 项和 $S_{15}=$ _____ .

18.设 S_n 为等差数列 $\{a_n\}$ 的前 n 项和，若 $S_3=2a_3$，则 $\dfrac{S_6}{S_2}=$ _____ .

三、解答题（共 6 题，19，20，21 题每题 7 分，22，23 题每题 8 分，24 题 9 分，共 46 分）

19.在等差数列 $\{a_n\}$ 中，$a_{11}=8$，$a_{19}=24$，求 a_1 和 S_{30}.

20.在 3 和 27 之间插入 7 个数，使这几个数成等差数列，这 7 个数分别为多少？

*21.3 个数成等差数列，其和为 6，将第三个数加上 1 后，与前面 2 个数又成等比数列，这 3 个数分别为多少？

22.3 个数 a,b,c 成等差数列，公差为 3，$a,b+1,c+6$ 成等比数列，求 a,b,c.

23.有一家小电影院共有 15 排座位,且它的第 1 排有 20 个座位,从第 2 排起每排比前一排多 2 个座位,(1)这家电影院最后一排有多少个座位? (2)若每人的票价是 15 元,每个座位只坐一人,当电影院座无虚席时一场能收入多少钱?

24.一个球从 100 m 的高处自由落下,每次着地后又回到原来高度的一半再落下,当它第 10 次着地时,共经过的路程是多少米? (精确到 0.1 m)

"解析几何"单元检测题

（满分100分，时间90分钟）

一、选择题(共12题,每题3分,共36分)

1.过点 $A(1,-3)$, $B(-3,5)$ 的直线的斜率是(　　).

   A.4　　　　　　　B.−2　　　　　　　C.2　　　　　　　D.0

2.过点 $P(-1,2)$,且垂直于直线 $2x-y+3=0$ 的直线方程为(　　).

   A.$x+2y-3=0$　　B.$2x+y=0$　　C.$x+2y-1=0$　　D.$2x-y+4=0$

3.直线 $2x-y+1=0$ 与直线 $-2x+y-3=0$ 的位置关系是(　　).

   A.垂直　　　　　B.平行　　　　　C.相交但不垂直　　　D.重合

4.方程 $x^2+y^2+6x-4y-3=0$ 表示的曲线是(　　).

   A.以 $(-3,2)$ 为圆心,4为半径的圆　　　　B.以 $(3,-2)$ 为圆心,4为半径的圆

   C.以 $(-3,2)$ 为圆心,16为半径的圆　　　D.不表示任何图形

5.已知点 $P(1,1)$ 到直线 $x+y+c=0$ 的距离等于 $\sqrt{2}$,则 $c=$ (　　).

   A.$\sqrt{2}$　　　　　B.0或−4　　　　　C.0或4　　　　　D.4

6.若有点 $A(3,-2)$, $B(5,-4)$,则线段 AB 的垂直平分线的方程是(　　).

   A.$x-y-7=0$　　B.$y-x-7=0$　　C.$2x-y-11=0$　　D.$x+2y+2=0$

7.椭圆的长轴长为6,且长轴在 y 轴上,离心率为 $\dfrac{2}{3}$,则该椭圆的标准方程为(　　).

   A.$\dfrac{x^2}{36}+\dfrac{y^2}{20}=1$　　B.$\dfrac{x^2}{9}+\dfrac{y^2}{5}=1$　　C.$\dfrac{x^2}{20}+\dfrac{y^2}{36}=1$　　D.$\dfrac{x^2}{5}+\dfrac{y^2}{9}=1$

8.一个焦点坐标为 $(0,-10)$,虚轴长为16的双曲线的标准方程是(　　).

   A.$\dfrac{x^2}{64}-\dfrac{y^2}{36}=1$　　B.$\dfrac{x^2}{36}-\dfrac{y^2}{64}=1$　　C.$\dfrac{x^2}{25}-\dfrac{y^2}{36}=1$　　D.$\dfrac{y^2}{36}-\dfrac{x^2}{64}=1$

9.直线 $3x+4y+7=0$ 与圆 $(x-3)^2+(y+1)^2=9$ 的位置关系是(　　).

   A.相离　　　　　B.相切　　　　　C.相交　　　　　D.无法确定

10.已知 F_1 , F_2 为椭圆 $\dfrac{x^2}{25}+\dfrac{y^2}{9}=1$ 的两个焦点,过 F_1 的直线与椭圆交于 A,B 两点,则

   $\triangle ABF_2$ 的周长是(　　).

   A.16　　　　　　B.6　　　　　　　C.20　　　　　　D.10

11.经过点 $P(2,-3)$ 与直线 $3x-y+5=0$ 平行的直线方程是(　　).

   A.$x+3y+5=0$　　B.$x+3y-1=0$　　C.$3x-y-9=0$　　D.$3x+y-8=0$

12.有抛物线 $x^2+4y=0$,下列说法不正确的是(　　).

   A.它的焦点在 y 轴的正半轴上　　　　B.焦点到准线的距离为2

C.它的焦点在 y 轴的负半轴上   D.它的准线方程为 $y=1$

二、填空题(共6题,每题3分,共18分)

13.圆 $(x+3)^2+(y-1)^2=25$ 的圆心是_____,半径是_____.

14.已知点 $M(a,-3)$ 在直线 $l:2x+3y-5=0$ 上,则 $a=$_____.

15.椭圆 $\dfrac{x^2}{3}+\dfrac{y^2}{7}=1$ 的焦点坐标是_____.

16.双曲线 $\dfrac{x^2}{9}-\dfrac{y^2}{16}=1$ 的渐近线方程是_____.

17.抛物线 $y^2+8x=0$ 的焦点坐标是_____.

18.x 轴上的点 P 与点 $A(2,1)$ 之间的距离为 $\sqrt{17}$,则点 P 的坐标是_____.

三、解答题(共6题,19,20,21题每题7分,22,23题每题8分,24题9分,共46分)

19.求经过直线 $x+y+2=0$ 和直线 $x-y-4=0$ 的交点,且平行于 $2x-y+5=0$ 的直线方程.

20.设直线 l 的斜率为 $\dfrac{3}{4}$,直线外一点 $A(2,1)$ 到直线 l 的距离为3,求直线 l 的方程.

21.直线 $y=x-1$ 与圆 $x^2+y^2=13$ 交于 A,B 两点,求 $|AB|$.

22.一圆的圆心 C 在 x 轴上,且此圆经过 $A(5,-1)$,已知 CA 与直线 $l:2x+y-3=0$ 垂直,求此圆的标准方程.

23.已知直线 l 经过点 $P(0,b)$,倾斜角为 $\dfrac{\pi}{4}$,圆 C 的方程是 $x^2+y^2=2$,求:

(1)当 b 为何值时,直线 l 和圆 C 相切;

(2)当 b 为何值时,直线 l 与圆 C 相交所得的弦长为 $\sqrt{6}$.

*24.已知椭圆 $\dfrac{x^2}{5}+y^2=1$ 的焦点为 F_1,F_2,过左焦点 F_1 的直线 l 的倾斜角为 $\dfrac{\pi}{4}$,且直线与椭圆交于 A,B 两点,(1)求直线 l 的方程;(2)求 $|AB|$;(3)求 $\triangle ABF_2$ 的面积.

"统计初步"单元检测题

（满分100分，时间90分钟）

一、选择题（共12题，每题3分，共36分）

1.由 1,2,3 这 3 个数字组成的各位数字不重复的三位数有（   ）．
   A.3 个 　　　　　　B.6 个 　　　　　　C.8 个 　　　　　　D.10 个

2.由 1,2,3 这 3 个数字组成的各位数字可以重复的三位数有（   ）．
   A.6 个 　　　　　　B.8 个 　　　　　　C.9 个 　　　　　　D.27 个

3.从 6 人中选 2 人担任班长和副班长，则共有（   ）种不同的选法．
   A.P_6^2 　　　　　　B.C_6^2 　　　　　　C.12 　　　　　　D.2

4.某班有 50 人，其中男生 35 人，女生 15 人，从中选 7 人组建班委，班委中必须有 5 名男生和 2 名女生，则共有（   ）种不同的选法．
   A.P_{50}^7 　　　　　　B.C_{50}^7 　　　　　　C.$P_{35}^5 P_{15}^2$ 　　　　　　D.$C_{35}^5 C_{15}^2$

5.由 1,2,3,4,5 可以组成（   ）个没有重复数字的三位偶数．
   A.12 　　　　　　B.18 　　　　　　C.24 　　　　　　D.36

6.3 名女同学和 4 名男同学站一排照相，若 3 名女同学必须相邻，则不同的站法有（   ）种．
   A.1440 　　　　　　B.720 　　　　　　C.480 　　　　　　D.360

7.3 名女同学和 4 名男同学站一排照相，若 3 位女同学必须不相邻，则不同的站法有（   ）种．
   A.1440 　　　　　　B.720 　　　　　　C.480 　　　　　　D.360

8.若 $C_9^{2x+1} = C_9^{7-x}$，则 $x =$（   ）．
   A.0 　　　　　　B.1 　　　　　　C.2 　　　　　　D.1 或 2

9.从 0,1,2,3 中任取 3 个数可排成（   ）没有重复数字的三位数．
   A.18 个 　　　　　　B.24 个 　　　　　　C.27 个 　　　　　　D.64 个

10.2018 年春节期间，某 8 人小组约定，每名成员向小组的另外 7 名成员每人发一条问候短信，则他们一共发出（   ）条短信．
   A.8 　　　　　　B.28 　　　　　　C.56 　　　　　　D.64

11.某学校组织班级单循环篮球比赛，全校共有 6 个班，每个班组织一个篮球队，每个队与其他各队比赛一场，则总共的比赛场数是（   ）场．
   A.12 　　　　　　B.15 　　　　　　C.20 　　　　　　D.30

12.用 1,2,3,4,5 这 5 个数字组成没有重复数字的三位数，那么在这些三位数中是 5 的倍数的数共有（   ）．
   A.48 个 　　　　　　B.36 个 　　　　　　C.24 个 　　　　　　D.12 个

二、填空题(共 6 题,每题 3 分,共 18 分)

13. $P_5^3 =$ _____.

14. $C_{10}^2 =$ _____.

15. $0! + C_3^0 =$ _____.

16. $C_9^7 + C_9^8 =$ _____.

17. 将 6 本书随机地放在书架上,则其中指定的 2 本书放在一起的排法有_____种.

18. 从 1,2,3,4,5,6,7,8,9 这 9 个数字中任取 2 个数,其和为偶数的取法共有 _____种.

三、解答题(共 6 题,19,20,21 题每题 7 分,22,23 题每题 8 分,24 题 9 分,共 46 分)

19. 由 0,1,2,3 这 4 个数组成各位数字均不重复的三位数,共有多少个?

20. 某人回家过春节需要花 3 天的时间,他在网上查询发现如果第 1 天他坐飞机到 A 地,第 2 天就有 5 种方法到达 B 地,第 3 天有 4 种方法到家;如果第 1 天他选择坐火车到 A 地,那么第 2 天只有 3 种方法到达 B 地,第 3 天有 4 种方法到家,请问他共有多少种不同的回家方法?

21. 100 件产品中有 5 件次品,从中任取 3 件产品,至少有 2 件是合格品的抽法有多少种?

22.现将 3 名学生安排到 4 个实习基地实习,要求每个实习基地安排的学生不超过 2 名,则不同的安排方案有多少种?

23.由 0,1,2,3,4,5 这 6 个数组成各位数字不重复的四位数,大于 3200 的数有多少个?

24.从 0,1,2,3,4,5 这 6 个数中有放回地任取 4 个数组成一个四位数,其中数字 3 最多出现 1 次的四位数有多少个?

综合检测题一

（满分 100 分，时间 90 分钟）

一、选择题（共 12 题，每题 3 分，共 36 分）

1.在等比数列 $\{a_n\}$ 中，若 $a_2 a_4 = 9$，则 $a_3 = ($　　$)$.

　　A.3　　　　　　　　B.9　　　　　　　　C.3 或 -3　　　　　　D.9 或 -9

2.已知 $U = \{1,2,3,4,5\}$，$A = \{1,3,5\}$，则 $\complement_U A = ($　　$)$.

　　A.$\varnothing$　　　　　　　B.$\{2,4\}$　　　　　　C.$\{1,3,5\}$　　　　　D.$\{1,2,3,4,5\}$

3.函数 $y = \log_2(1-x)$ 的定义域为（　　）.

　　A.$(1, +\infty)$　　　　B.$[1, +\infty)$　　　　C.$(-\infty, 1)$　　　　D.$(-\infty, 1]$

4.已知角 $\alpha \in \left(0, \dfrac{\pi}{2}\right)$ 且 $\sin \alpha = \dfrac{1}{2}$，则 $\alpha = ($　　$)$.

　　A.$\dfrac{\pi}{6}$　　　　　　B.$\dfrac{\pi}{3}$　　　　　　C.$\dfrac{2\pi}{3}$　　　　　　D.$\dfrac{5\pi}{6}$

5.过点 $(1,0)$ 且与直线 $x-y=0$ 平行的直线方程是（　　）.

　　A.$x+y-1=0$　　　　　　　　　　B.$x-y+1=0$

　　C.$x+y+1=0$　　　　　　　　　　D.$x-y-1=0$

6.不等式 $2x^2-3x-2<0$ 的解集为（　　）.

　　A.$(-\infty, -2) \cup \left(\dfrac{1}{2}, +\infty\right)$　　　　　　B.$\left(-\infty, -\dfrac{1}{2}\right) \cup (2, +\infty)$

　　C.$\left(-2, \dfrac{1}{2}\right)$　　　　　　　　　　D.$\left(-\dfrac{1}{2}, 2\right)$

7.已知双曲线 $\dfrac{x^2}{a^2} - \dfrac{y^2}{3} = 1\,(a>0)$ 的左焦点为 $(-\sqrt{5}, 0)$，则 $a = ($　　$)$.

　　A.$\sqrt{2}$　　　　　　　B.2　　　　　　　C.$2\sqrt{2}$　　　　　　D.8

8.命题"a 是 8 的倍数"是命题"a 是 4 的倍数"的（　　）条件.

　　A.充分必要　　　　　　　　　　B.充分不必要

　　C.必要不充分　　　　　　　　　　D.既不充分也不必要

9.函数 $f(x) = (\sin x + \cos x)^2 - 1$ 是（　　）.

　　A.奇函数　　　　　　　　　　B.偶函数

　　C.非奇非偶函数　　　　　　　　D.既是奇函数又是偶函数

10.若直线 $y = x + m\,(m \in \mathbf{R})$ 与圆 $(x-1)^2 + y^2 = 2$ 有交点，则 m 的取值范围是（　　）.

　　A.$[-1, 3]$　　　　　　　　　　B.$[1, 3]$

　　C.$[-3, -1]$　　　　　　　　　　D.$[-3, 1]$

11.若关于 x 的函数 $y=a^{x+b}$ 的图像如右图所示,则( ).

    A.$0<a<1,b<0$ B.$0<a<1,b>0$

    C.$a>1,b<0$ D.$a>1,b>0$

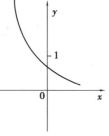

12.从数字 0,1,2,3,4 中任取 3 个数组成没有重复数字的三位

    数,其中有( )奇数.

    A.18 个   B.24 个

    C.27 个   D.64 个

二、填空题(共 6 题,每题 3 分,共 18 分)

13.已知 $f(x)=x^2+(2-a)x$ 为偶函数,则 $a=$_____.

14.角 α 的顶点在原点,始边与 x 轴的正半轴重合,若点 $P(-2,3)$ 在角 α 的终边上,则

    $\tan\alpha=$_____.

15.若直线 $x+3y+3=0$ 与直线 $2x-my-2=0$ 相互垂直,则 $m=$_____.

16.已知等差数列 2,5,8,… 则 2015 是该数列的第_____项.

17.若抛物线 $y^2=2px(p>0)$ 上动点到其准线的最短距离为 $\dfrac{5}{2}$,则 $p=$_____.

18.在 $\triangle ABC$ 中,$BC=2$,$B=60°$,若 $\triangle ABC$ 的面积为 $3\sqrt{3}$,则 $AC=$_____.

三、解答题(共 6 题,19,20,21 题每题 7 分,22,23 题每题 8 分,24 题 9 分,共 46 分)

19.计算 $5^0+\lg 100-\tan\dfrac{\pi}{3}+C_4^1-\left(\dfrac{1}{3}\right)^{-1}$.

20.解不等式组 $\begin{cases} |2x-1|\leq 3 \\ \dfrac{x+1}{2}<x-\dfrac{1}{3} \end{cases}$.

21.已知函数 $f(x) = \cos(2x+\varphi)\left(0 < \varphi < \dfrac{\pi}{2}\right)$，(1)求 $f(x)$ 的最小正周期；(2)若 $\sin\varphi = \dfrac{3}{5}$，

求 $f\left(\dfrac{\pi}{8}\right)$ 的值.

22.已知等差数列 $\{a_n\}$ 的前 n 项和为 S_n，且 $S_2 = -12$，公差 $d = 2$，(1)求数列 $\{a_n\}$ 的通项

公式；(2)若 $S_k = 20$，求 k 的值.

23.某公司生产某种设备每年需固定支出 120 万元，此外每台设备还需支出其他费用

2 万元.设该公司年产量为 x 台，当 $x \leq 20$ 时，公司年销售总收入为 $34x-x^2$ 万元；当 $x >$

20 时，公司年销售总收入为 $260+x$ 万元，(1)求该公司年利润 y 与年产量 x 的函数关

系式(年利润＝年销售总收入－年总支出)；(2)当该公司年产量为多少台时，所获年

利润最大？最大利润是多少？

24.已知椭圆 C 的左、右焦点分别为 $F_1(-5,0)$ 和 $F_2(5,0)$，离心率 $e = \dfrac{\sqrt{5}}{3}$，(1)求椭圆 C

的标准方程；(2)过原点 O 作直线与椭圆 C 交于 A,B 两点，若四边形 AF_1BF_2 的面积

为 40，求直线 AB 的方程.

综合检测题二

（满分 100 分，时间 90 分钟）

一、选择题(共 12 题,每题 3 分,共 36 分)

1.已知集合 $A=\{-1,0,1\}$, $B=\{0,1,2\}$,则 $A\cup B$ 中的元素个数为(　　).

A.2 　　　　　　B.3 　　　　　　C.4 　　　　　　D.6

2.过 $(1,2)$ 和 $(2,1)$ 两点的直线方程为(　　).

A.$x+y-3=0$ 　　B.$x-y+1=0$ 　　C.$x-y-1=0$ 　　D.$3x-y+1=0$

3.设函数 $f(x)=\begin{cases}x-2,x\leq0\\x^2+1,x>0\end{cases}$,则 $f(-1)+f(1)=$(　　).

A.-2 　　　　　B.-1 　　　　　C.1 　　　　　　D.2

4.若以原点为顶点的抛物线的焦点坐标为 $(2,0)$,则其准线方程为(　　).

A.$x=-2$ 　　　　B.$x=-1$ 　　　　C.$y=-2$ 　　　　D.$y=-1$

5.设 $\cos\left(\dfrac{\pi}{2}+\alpha\right)=-\dfrac{1}{3}$,则 $\sin\alpha=$(　　).

A.$-\dfrac{2\sqrt{2}}{3}$ 　　B.$-\dfrac{1}{3}$ 　　C.$\dfrac{1}{3}$ 　　D.$\dfrac{2\sqrt{2}}{3}$

6.若函数 $f(x)=(a-3)x^2+x$ 为奇函数,则实数 a 的值为(　　).

A.1 　　　　　　B.2 　　　　　　C.3 　　　　　　D.4

7.不等式 $\dfrac{x+2}{x-1}\leq0$ 的解集为(　　).

A.$(-\infty,-2)\cup(1,+\infty)$ 　　　　　B.$(-\infty,-2]\cup[1,+\infty)$

C.$[-2,-1]$ 　　　　　　　　　　　　D.$[-2,1)$

8.命题"关于 x 的方程 $ax^2+bx+c=0(a\neq0)$ 有实根"是命题" $b^2-4ac>0$ "的(　　)条件.

A.充分不必要 　　B.必要不充分 　　C.充分必要 　　D.既不充分也不必要

9.设函数 $f(x)=\sin\left(\dfrac{x}{6}+\dfrac{\pi}{3}\right)$,则 $f(x)$ (　　).

A.在 $[-5\pi,\pi]$ 上单调增加 　　　　B.在 $[-5\pi,\pi]$ 上单调减少

C.在 $[-\pi,5\pi]$ 上单调增加 　　　　D.在 $[-\pi,5\pi]$ 上单调减少

10.直线 $2x+3y+1=0$ 与圆 $(x+1)^2+(y-2)^2=4$ 的位置关系是(　　).

A.相离 　　　　　B.相切 　　　　　C.相交且过圆心 　　D.相交但不过圆心

11.已知 $\omega>0,0<\varphi<\pi$,直线 $x=\dfrac{\pi}{3}$ 和 $x=\dfrac{4\pi}{3}$ 是函数 $f(x)=\sin(\omega x+\varphi)$ 图像的两条相邻的对称轴,则 $\varphi=$(　　).

A.$\dfrac{\pi}{6}$　　　　　　B.$\dfrac{\pi}{3}$　　　　　　C.$\dfrac{2\pi}{3}$　　　　　　D.$\dfrac{5\pi}{6}$

12.6 人站成两排,下列关于站法的统计方法不正确的是(　　　).

A.P_6^6 种　　　　　B.$C_6^3P_3^3P_3^3$ 种　　　　　C.$P_6^6P_3^3$ 种　　　　　D.$C_6^3P_3^3P_2^2$ 种

二、填空题(共 6 题,每题 3 分,共 18 分)

13.300° 转换为弧度等于_____.

14.已知点 $P(-2,1)$,线段 PQ 的中点坐标为 $(2,-3)$,则 Q 的坐标为_____.

15.设 $\{a_n\}$ 为等差数列,$a_1=6$,公差 $d=9$,则该数列的前 21 项和为_____.

16.函数 $f(x)=\sqrt{3^x-1}$ 的定义域为_____.

17.已知双曲线关于 y 轴对称,且一个焦点坐标为 $(6,0)$,离心率为 $\dfrac{3}{2}$,则该双曲线的方程为_____.

18.在 $\triangle ABC$ 中,$BC=2\sqrt{2}$,$AC=3$,$C=45°$,则 $\sin A=$_____.

三、解答题(共 6 题,19,20,21 题每题 7 分,22,23 题每题 8 分,24 题 9 分,共 46 分)

19.计算 $2^2+\ln e^3-\cos\dfrac{2\pi}{3}-C_4^2+\left(\dfrac{1}{2}\right)^{-1}$.

20.解不等式组 $\begin{cases}4(x+3)<2x+5 \\ |x+5|\le 2\end{cases}$.

21.在等比数列 $\{a_n\}$ 中,$a_1=\dfrac{1}{4}$,$a_4=-16$,(1)求公比 q;(2)求数列 $\{|a_n|\}$ 的前 n 项和 S_n.

22.已知函数 $f(x) = 2\sin^2 x + 2\sqrt{3}\sin x\cos x + 1$,(1)求 $f(x)$ 的最小正周期;(2)求 $f(x)$ 在 $\left[0, \dfrac{\pi}{2}\right]$ 上的最小值和最大值.

23.已知一椭圆的中心在原点,焦点在 x 轴上,长半轴长为 2,且经过点 $\left(1, \dfrac{\sqrt{3}}{2}\right)$,(1)求该椭圆的标准方程;(2)若直线 $y = x + m$ 与该椭圆有交点,求 m 的取值范围.

24.现需做一个如下图所示的"目"字形框架,其中,横框采用 20 元/米的 A 类木材,竖框采用 30 元/米的 B 类木材.若现用 240 元做这个框架,则当横框和竖框的长度分别为何值时,框架的面积最大? 最大面积是多少?

综合检测题三

一、选择题(共12题，每题3分，共36分)

1.已知集合 $A=\{0\}$，则下列结论正确的是(   ).

  A.$A=0$ B.$A=\varnothing$ C.$0\subsetneqq A$ D.$\varnothing\subsetneqq A$

2.命题" $x=3$ "是命题" $x^2-9=0$ "的(   )条件.

  A.充分必要   B.充分不必要   C.必要不充分   D.既不充分也不必要

3.设 a,b,c 均为实数，且 $a>b$，则下列不等式一定成立的是(   ).

  A.$ac>bc$ B.$ac<bc$ C.$a+c>b+c$ D.$a+c<b+c$

4.设函数 $f(x)=kx-1$ 为减函数，则必有(   ).

  A.$k<1$ B.$k>1$ C.$k<0$ D.$k>0$

5.下列函数为奇函数的是(   ).

  A.$y=e^x-e^{-x}$ B.$y=e^x+e^{-x}$ C.$y=e^x$ D.$y=e^{-x}$

6.已知 $\{a_n\}$ 为等比数列，$a_1=81$，公比 q 为 $\dfrac{1}{3}$，则 $a_6=$(   ).

  A.$\dfrac{1}{3}$ B.$\dfrac{1}{9}$ C.$\dfrac{1}{27}$ D.$\dfrac{1}{81}$

7.设 $\sin\alpha>0$，$\cos\alpha<0$，则 α 是(   ).

  A.第一象限的角   B.第二象限的角   C.第三象限的角   D.第四象限的角

8.过点 $(1,0)$ 与点 $(2,2)$ 的直线方程为(   ).

  A.$2x-y-2=0$ B.$2x-y+1=0$ C.$x-2y-1=0$ D.$x-2y+2=0$

9.函数 $f(x)=3\sin^2 x$ 的最小正周期为(   ).

  A.$\dfrac{\pi}{2}$ B.π C.2π D.4π

10.在 $\triangle ABC$ 中，已知 $A=75°$，$C=45°$，则 $\dfrac{AC}{AB}$ 的值为(   ).

  A.$\dfrac{1}{2}$ B.$\dfrac{\sqrt{2}}{2}$ C.$\dfrac{\sqrt{3}}{2}$ D.$\dfrac{\sqrt{6}}{2}$

11.经过圆 $x^2+y^2+2x=0$ 的圆心且与直线 $x+y=0$ 垂直的直线方程为(   ).

  A.$x+y-1=0$ B.$x+y+1=0$ C.$x-y-1=0$ D.$x-y+1=0$

12.从 $1,2,3,4,5$ 这5个数中随机有放回地依次抽取3个数，则数字2只出现一次的取法总数为(   ).

  A.16   B.48   C.75   D.96

二、填空题(共6题,每题3分,共18分)

13.设 $f(x)=\begin{cases}1+\ln x, & x>0 \\ x+1, & x\le 0\end{cases}$,则 $f(e^2)=$ _____.

14.已知 $\alpha\in\left(0,\dfrac{\pi}{2}\right)$, $\sin\alpha=\dfrac{\sqrt{3}}{2}$,则 $\cos\alpha=$ _____.

15.设 $\{a_n\}$ 是等差数列,且 $a_4-a_1=6$,则 $\{a_n\}$ 的公差为 _____.

16.抛物线 $y^2=8x$ 的焦点坐标为 _____.

17.函数 $f(x)=2-\sin x$ 在 $[0,2\pi]$ 上的增区间为 _____.

18.若椭圆 $kx^2+2y^2=4$ 的一个焦点坐标为 $(2,0)$,则实数 $k=$ _____.

三、解答题(共6题,19,20,21题每题7分,22,23题每题8分,24题9分,共46分)

19.计算 $2^0-\log_2 4+\lg 0.1-C_3^1+(-3)^{-1}$.

20.解不等式组 $\begin{cases}|2x+1|<3 \\ x^2-3>2x\end{cases}$.

21.已知在等差数列 $\{a_n\}$ 中, $a_5=3$, $a_{12}=-11$,(1)求 $\{a_n\}$ 的通项公式;(2)设 $\{a_n\}$ 的前 n 项和为 S_n ,求 S_n 的最大值.

22.设函数 $f(x) = \sin\left(\omega x + \dfrac{\pi}{3}\right) - \cos\left(\omega x + \dfrac{\pi}{3}\right)$ $(\omega > 0)$ 的最小正周期为 6π,(1)求 ω 的值;

(2)求 $f(x)$ 的最大值以及 $f(x)$ 取得最大值时 x 的取值范围.

23.某商场以每件 30 元的价格购进一种商品,试销中发现这种商品每天的销售量 k 件与

每件的售价 x 元满足函数关系 $k = \begin{cases} 162 - 3x, & 0 < x < 54 \\ 0, & x \geq 54 \end{cases}$,(1)写出商场每天销售这种商

品的利润 y 元与售价 x 元之间的函数关系式(每件商品的利润=售价-进价);(2)商

场在销售这种商品的过程中要想获得最大利润,每件商品的售价是多少元? 每天的

最大利润是多少元?

24.设椭圆 C 的中心在原点,右焦点为圆 $x^2 + y^2 - 2\sqrt{3}x - 6 = 0$ 的圆心,离心率为 $\dfrac{\sqrt{3}}{2}$,(1)求

椭圆 C 的方程;(2)设直线 $y = x + \lambda$ 与椭圆 C 有 2 个不同的交点,求 λ 的取值范围.